体能训练

Physical Training

主　编　王春翔　朱文学　高　旺
副主编　李文成　董小玲　刘金坤
参　编　郑永涛　刘永健　赵　跃
修黎明　于礼豪　王晓英
林　磊

北京理工大学出版社
BEIJING INSTITUTE OF TECHNOLOGY PRESS

内 容 提 要

本书以项目化教学为基础，分为认识体能、力量素质训练、耐力素质训练、柔韧素质训练、灵敏素质训练、体能训练计划的制订与健康膳食六个不同的项目。本书细化教学任务，不仅为学生提供体能训练的基本理论知识和训练方法，同时也为学生提供科学、合理的饮食建议，提升练习效果。

本书可供高等院校体育相关课程使用，也可作为体育从业人员参考用书。

图书在版编目（CIP）数据

体能训练 / 王春翔，朱文学，高旺主编. -- 北京：北京理工大学出版社，2024.4

ISBN 978-7-5763-3488-3

Ⅰ.①体…　Ⅱ.①王… ②朱… ③高…　Ⅲ.①体能－身体训练　Ⅳ.①G808.14

中国国家版本馆CIP数据核字（2024）第036826号

责任编辑：李　薇　　文案编辑：闫小惠
责任校对：周瑞红　　责任印制：王美丽

出版发行 / 北京理工大学出版社有限责任公司
社　　址 / 北京市丰台区四合庄路 6 号
邮　　编 / 100070
电　　话 /（010）68914026（教材售后服务热线）
　　　　　（010）68944437（课件资源服务热线）
网　　址 / http://www.bitpress.com.cn

版 印 次 / 2024 年 4 月第 1 版第 1 次印刷
印　　刷 / 河北鑫彩博图印刷有限公司
开　　本 / 787 mm × 1092 mm　1/16
印　　张 / 13
字　　数 / 219 千字
定　　价 / 89.00 元

前言

PREFACE

高职院校的体育教育一方面与普通高校的体育教育存在共性，即完成增强学生的体质，提高学生的身体素质，培养良好的品质与健康的心理行为、习惯的任务；另一方面，高职院校的培养目标不同于普通高校，其教育教学具有定向性、实操性和专业性的特点。因此，高职院校的体育教育具有其个性，即要为职业的特点服务。充分认识体育教育与职业教育的相互关系，使高职院校在完成常规教育内容的基础上，适当开展专项职业体能训练，促进学生体育职业技能和体能的提高，更好地体现高职院校体育教育的特色，是当前高职院校体育教育所面临的新课题。

本书根据编者多年教学经验并参考多种相关教材编写而成。结合民航专业和项目式教学，分为认识体能、力量素质训练、耐力素质训练、柔韧素质训练、灵敏素质训练、体能训练计划的制订与健康膳食六个不同的项目。本书理论与实践紧密结合，详细介绍了身体素质训练方法，具有科学性和实用性。每个项目均设有知识解答和作业题，文字简练，内容安排得当。

本书重点介绍不同体能素质训练的方法，结合基础理论指导训练，具有很强的实操性，为需要发展综合素质的锻炼者提供指导。

由于编者水平有限，书中难免存在疏漏之处，恳请广大读者批评指正。

编　者

目录

项目一 认识体能

1. 了解体能训练的作用和特点。
2. 掌握体能训练的原则。
3. 培养合作意识，集体主义精神。

现代社会各种职业分工比较精细，在应对不同职业技能要求的同时，从客观上也应对职业体能有较高的要求，尤其是空中乘务人员的工作，除工作时间长，对耐力素质有要求外，还要具有在特殊情况下的反应能力，对综合体能素质要求较高。本项目主要介绍体能素质训练的相关知识。

任务一　了解体能训练的作用和特点

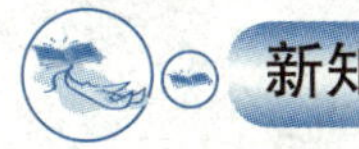

新知导入

体能素质是指人在运动中表现出来的机能能力。体能素质的发展有其生理功能基础，也与运动能力密切相关。反映体能素质的指标有柔韧性、力量、耐力等。所以要想提高体能素质也应从这三个方面入手。由于三者相互关联，任何一种机能下降都会影响整体的身体素质，锻炼时要特别注意三者的结合，缺一不可。

职业体能是与职业（劳动）有关的身体素质及在不良劳动环境条件的耐受力和适应力。

民航体能是结合民航工作的实际需求，有针对性地进行体能锻炼，包括身体形态、身体功能、运动素质和健康水平四部分。学生参加本课程的目的大多是让自己看起来更有型、身体更健康，而不是改善自身的平衡能力、力量和柔韧性，这样的健身方法是本末倒置的。各种身体要素相互联系，相互制约，整体兼顾才能使身体系统功能发挥良好的作用。健康与强壮的体格及优异的体能是紧密相连的，无论是想要锻炼肌肉、减肥、提高运动能力、保持健康，还是四者兼有，坚持实践全套提高身体素质训练体系就是最佳的实现途径。

读书笔记

知识解答

一、民航体能训练的作用

（一）改善形态，促进就业

航空公司进行校招和社招时，分为初试和复试两个环节。初试时要考查学生外貌、普通话、外语水平、身高、身体形态等一系列指标，学生分组站立且未做自我介绍之前，第一印象尤为重要，往往能够决定学生的去留，而第一印象无非就是外貌、站姿和身体形态（图 1-1）。外貌是天生的，站姿和身体形态却可以通过后天努力训练来达成。身体形态是一项重

读书笔记

要的考察指标，具有较好身体线条的学生更有机会在接下来的口语面试中脱颖而出。复试时男生还需要进行体能测试，体能测试不达标者将没有机会入职。体能训练紧围绕航空公司体测要求，围绕测试指标由简入繁、循序渐进、个性化制订训练计划。实践证明，经过系统学习和实践体能训练体系的空乘专业学生在航空公司面试时体能几乎都是达标的。

图 1-1　站姿和身体形态

目前，体能训练在人体解剖学、生物力学、生理学等科学理论的支撑下研发了更精细、更适合人体的健身技术，不仅可以起到强壮身体的作用，而且通过肌肉力量锻炼还可以有效改善先天或后天不良生活习惯造成的肌肉发展失衡。结实有力而且富有弹性的肌肉对展现人的身姿很重要，改善体态的同时也能提高面试者的自信。实践证明，体能训练可以达到矫正形体、增强体质、提升气质等目的。由此可见，坚持锻炼能够更好地促进空乘专业学生就业。

（二）增肌耗脂，塑造完美身型

力量锻炼会使肌纤维增粗、肌力增强，肌肉变得结实而丰满，还能够改善关节和韧带，促进新陈代谢，有效控制肥胖（图 1-2）。为什么人们每天进行半小时到一小时的锻炼就可以在几个月的时间里减掉数千克脂肪，并使形体变得紧实呢？原因是在经过激烈的力量锻炼后的一段时间内，体能的新陈代谢作用仍然保持在高位，这样高水平的代谢会保持 15 小时左右，保持在比平时高 7% ～ 12% 的水平上，这就是肌肉的超氧耗。15 分钟高强度锻炼每天会消耗约 600 千卡的热量，而且体内生长激素和肾上腺素分泌增加，这两种激素有助于将体内存储的更多脂肪变成燃料。即使你仅运动十几分钟，只要你的强度足够，锻炼后提高新陈代谢而多消耗的卡路里，还是能燃烧掉体内多余的脂肪。这种转变会让你即使处于休息状态，也可达到长期健身的目标。

读书笔记

图 1-2 增肌耗脂

读书笔记

图 1-2　增肌耗脂（续）

肌肉是人体内新陈代谢作用最活跃的一种组织。每增加 1 千克肌肉，每天会多燃烧掉 100 千卡的能量，这意味着在保持肌肉含量不变的条件下，每年要多消耗 5 千克脂肪。而且这种消耗是持续的，即使是躺在沙发上看喜欢的电视节目，这种消耗也在进行。例如，一个肌肉比较少的人，基础代谢也比较低，就好像一辆桑塔纳车，而增加肌肉后，就如同升级为悍马车，耗油量也会倍增，由于人体不会关掉引擎，而且肌肉发达的人更愿意参与各种活动，所以很快就会消耗体内多余的脂肪。

（三）减轻抑郁，预防疾病

空乘工作枯燥而单调，随着空乘专业学生就业后生活方式的变化，他们锻炼机会变少，工作节奏变快，精神高度紧张，生活饮食不规律等对其健康状况产生了不利的影响。而健身可以提高身体免疫能力，预防和缓解大部分慢性疾病，甚至肿瘤。运动可以促进身体产生一种叫作内啡肽的激素，它可以使人消除疼痛并获得快感。经研究，进行体育运动对抑郁症的治疗效果甚至好过药物。此外，运动特别是户外运动，可以促进人们产生帮助睡眠的褪黑素，并放松人们的肌肉，让人们的睡眠质量得到提高，这也解释了为什么有些人只睡 6 ~ 7 小时，第二天仍可以精神抖擞地参加工作和学习，而有些人即使睡 10 小时，早上还是觉得起床很困难。虽然健身并不能让人们永别医院，但可以减少和延期人们拜访医生的机会，人们不仅节约了昂贵的医疗费用，同时也节约了宝贵的时间和精力。

（四）促进心肺功能

氧气是人体生命代谢所必需的，只有在供氧充足的情况下，营养物质才能通过生理氧化作用转化为能量供给各组织器官，保证生命活动的需要。由于氧气密度相对较大，随着高度的上升，空气中的氧气含量相应降低，经实验证明，高度在 5 000 米以上时 74% 的受试人员严重缺氧。高空缺氧时，人体能量代谢减缓，代谢中酶的活性降低，导致供能不足，同时，代谢中产生的大量酸性物质可能引起代谢性中毒，中国民用航空器的飞行高度一般高于 7 000 米，空乘工作人员多在缺氧的高空环境下工作，需要强大的心肺功能支持。

体能训练能促进心肺功能，使血液循环加快，新陈代谢加强，心肌发达，收缩力加强。学生在锻炼过程中，肌肉活动需要消耗大量的氧气，呼吸器官需要加倍工作，久而久之，胸廓活动范围扩大，肺活量提高，增强了呼吸器官的功能，对防止呼吸道常见疾病有良好的作用。

（五）预防危机，具有处置突发事件的能力

航空安全一直是航空公司工作的一项重点内容，但飞行过程中可能会遭遇各种突发情况。

一类是飞行自然突发情况，是指航空器在飞行过程中遭遇自然界或机器运动发生的突发情况。例如，起飞或降落时产生加速度，使人体遭受过重负荷，乘机者体内的血液便会从头向足流注，伴随产生头部血液减少以致缺血的现象；在飞行过程中遭遇云层，飞机产生颠簸，没有安全带保护的乘务人员可能会伤到脊柱；飞机在转弯时会有非常强的离心加速度，对于正在推着餐车或更重的水车的乘务人员的体能是一个严峻的挑战。

另一类是人为性突发情况，是指空乘人员可能遭遇违反规定、不听从劝阻的乘机人员制造的突发情况。例如，未经许可，企图打开驾驶舱门进入驾驶舱；在客舱或客舱卫生间吸烟；殴打机组人员或其他乘客；故意损毁救生设备等。当发生这种情况时，空乘人员在处置原则上应首先确保航空安全、确定性质，区别处置，然后及时控制事态，防止过激行为发生，最后教育与处罚相结合，做到机上看管、强制约束和控制，机下处理，空地配合，互相协作。从上述内容可以看出，遇到这些突发事件时，空乘工作人员不但要有冷静的判断力，还要有果断处置的能力，良好的

读书笔记

△△△
读书笔记

身体素质是能否成功控制状况的有效前提，而良好的身体素质只能通过体能训练获得。

（六）提升体力，延长工作年限

空乘人员常年处在辐射、缺氧、巨大噪声的封闭高空高速飞行空间，这样的工作环境会导致其内分泌系统混乱、心脏老化、诱发心脏病等心血管疾病，情绪起伏多变，消极情绪更容易产生，甚至出现轻生等极端思想。工作以站立方式居多，长期频繁的弯腰低头等动作导致颈椎酸痛老化、腰椎无力，骨骼系统面临严重挑战。以上是导致离职和提前退休的空乘人员数量居高不下的一个很重要的原因。

体能训练能够增强身体抵抗力，增强肌肉力量，促进骨骼新陈代谢；提高、改善心血管系统、消化系统等器官技能水平；促进智力发育，提高中枢神经系统技能水平；调节心理活动，缓解生活压力；很好地调节和缓解空乘人员身体、心理不适的情况，延长工作年限。人们经过几周体能训练后，会感觉体力倍增，走得更快、更久也不易感到疲劳，心脏的适应能力也逐渐增强，整个人越来越有活力，即使经过 10 小时的长途航班飞行，也会感觉轻松自如，生活也充满了乐趣。

二、民航体能训练的特点

（一）紧扣体测要求，快速有效

空乘专业学生的体能训练不同于普通专业学生的体能训练，空乘专业学生的体能训练要紧扣航空公司体测要求，如男生 3 000 米长跑、100 米短跑、单杠引体向上、双杠屈臂伸、立定跳远等。学生应针对不同测试内容制订详细、科学的训练计划，不可盲目训练。体能训练比较枯燥且见效慢，对初学者来说是很大的挑战，仅仅被动接受锻炼很难达到训练效果，只有激发学生对体能训练的兴趣，提高其对体能训练的认识，增强自信心，通过比较查找出存在的差距，才能从内心释放出锻炼的欲望，变被动为主动。

抗阻力量锻炼是目前世界公认的改变形体最有效的方法之一。该锻炼以运动解剖学和运动生理学为科学理论基础，不仅能对身体进行全面锻炼，还可以利用肌肉发力特点，对身体局部不良形体问题进行针对性锻炼。本书的形体训练体系结合普拉提技术精髓，强调核心发力和呼吸模式改善，可以令人在 1 小时左右，就完成全身力量锻炼、柔韧伸展和有氧减脂所有功能。实践证明，学生练习每个动作都会看到效果，学生认真上好每一堂课都会给身体带来变化，学生在短时间内取得效果后，会非常有信心跟随教师继续上课，并养成坚持自我锻炼的习惯。

（二）易学易教，便于操作

本书介绍的体能训练方法是针对有一定运动基础的空乘专业学生设计的。虽然现在我们可以通过很多方式改变形体、体态，如芭蕾、舍宾、健美操、健身气功等，但对于没有机会深入学习理论基础和技术根基的大学生，在有限的课时内，系统地掌握复杂的技术是不切实际的。本训练体系根据人体解剖学各肌肉和关节运动规律设计动作，不仅科学有效，而且动作简单易学，配合清晰、规范的动作示范图片，通过观看模拟图片上的动作就可以掌握技术动作的轨迹和运动形式，不需要多年的技术功底就可以达到技术规范和自我锻炼的目的。

（三）训练和恢复相结合

良好的恢复是训练的保障，只有训练和恢复相结合才能达到训练效果。放松运动不仅能使肌肉恢复得更快，还能减少训练中可能出现的肌肉痉挛和肌肉损伤。放松运动可以使血液循环加快，为肌肉细胞恢复正常的血流量、电解质、酶和营养平衡提供基础，还能使由于运动导致血液和肌肉所增加的乳酸恢复到训练前的正常水平。血液循环加快氧气和各种营养物质进入血液和肌肉中，同时排除废物，恢复体能。

以往对恢复的内容关注甚少，本书调整训练课内容的排列顺序，通过增加恢复性的练习手段来调整训练内容，而且制定出合理训练后的恢复建议。师生在教学中保持良好的身心状态，从而做到训练张弛有度，适时恢复。

（四）程序化锻炼和个性需求相结合

本书在训练方法和训练任务的安排上，力求符合空乘专业学生的需求，保证热身和恢复等常规性内容在课程内完成，还介绍不同部位的锻炼方法和训练计划，力争程序化与个性化训练相结合。

体能的提升不可能一蹴而就，也不可能仅靠 90 分钟的训练课就彻底改善学生体质，想取得强健的体魄还需要学生坚持不懈地进行锻炼。本书会在每一个动作前面介绍其好处和意义，激发学生的锻炼兴趣；本书中安排的计划也是比较灵活的，课后锻炼计划，就是为培养学生坚持锻

读书笔记

△△△
读书笔记

炼的意识，学会根据自身情况制订计划，养成自主锻炼的习惯而编制的。随着生活水平的不断改善，人们的生活方式也悄然改变，不久的将来，锻炼身体是否会像“刷牙”一样成为人们日常必需的活动呢？无从而知！但可以肯定的是，坚持锻炼的人身体更健康，工作效率更高，生活更幸福。

任务实施

知识抢答比赛

活动形式：以小组为单位进行知识抢答比赛。

活动目的：培养学生自主学习、善于思考的能力，树立协作精神，锻炼学生的语言表达和思维逻辑能力，在探索和回答问题的过程中了解民航体能训练的重要作用。

活动步骤：

（1）将班级同学分成若干小组，每组6～8人为宜，设组长一名。

（2）老师介绍抢答比赛的规则要求：①依据老师提出的问题，组长协调组员分工搜索问题的答案，并进行汇总整理；②各小组选定一名同学负责抢答；③回答问题的小组答完以后其他小组可以进行补充，补充正确加1分。

（3）老师提出本场抢答赛的问题：①民航体能训练的作用有哪些？②民航体能训练的特点是什么？

（4）小组抢答：规定10分钟左右的时间进行准备，到时间后老师组织抢答。

（5）老师对每个小组的表现作出评价，并进行打分。

（6）老师做总结性发言，根据问题做详细的解答。

任务检测

小组得分表见表1-1。

表1-1　小组得分表

评分标准	正确全面（3分）	正确不全面（2分）	不正确（0分）	补充问题（1分）
问题一				
问题二				
总分				

知识拓展

“体能训练”的前世今生

什么是体能训练？

体能训练（Strength training and conditioning，S&C）这一术语已定义为多种方式的整合训练。在这其中，抗阻力量训练是核心，同时可根据运动员需要增加其他训练模式。例如，力量与爆发力型的运动员的体能训练计划不仅要包含负重训练，还要包含快速伸缩复合训练、冲刺/灵敏性训练、柔韧性训练及有氧训练（除严格的训练和比赛外）。对于普通健身者而言，负重训练可加上柔韧性和心肺功能训练。多种形式的训练可以改善与健康及运动技能相关的肌肉体能指标。因此，多种方式整合训练对优化体能至关重要。

视频：认识体能

一套高质量的体能训练计划是非常重要的。从运动员的角度来看，发展良好的运动技能是至关重要的。但仅靠运动技能，运动员能取得的成绩一定有限。很多时候，运动员的能力高低取决于身体及竞技体能的素质。一流运动员在力量、爆发力、速度和跳跃能力方面都要胜于二、三流运动员。最近，一项对美国国家橄榄球联盟（National Football League，NFL）选中的球员与未被选中的球员的比较分析显示，相较于未被选中的球员，被选中的球员有着更短的40码冲刺时间、更高的纵跳高度、更好的往返跑灵敏性及更快的三角锥折返跑反应时间。Garstecki等人通过研究比较美国大学体育协会（National Collegiate Athletic Association，NCAA）第一级和第二级的橄榄球运动员，结果显示，第一级运动员比第二级运动员有着更佳的一次重复最大力量（One-repetition maximum，1RM）的仰卧推举、深蹲和高翻成绩，以及更高的纵跳高度、更高的去脂体重、更低的体脂百分比和更快的40码冲刺跑成绩。Fleisig等人比较了高中、大学和职业的棒球投手，结果显示，与技术较低的投手相比，职业的棒球投手有着更大的肌肉力量，肩肘的投掷速度更快。因此，运动员的状态与数项体能素质相关。

读书笔记

体能训练简史

对于任何从业者来说，对体能训练史的简要考察都是非常重

读书笔记

要的。了解该领域的知名人士、年代、事件及训练方法等方面的知识非常重要。实际上，目前一些重要的训练理念并非创新，而是在过去就被用过，然后被弃用，现在又再次出现。尽管有人可能会说，研究过去对把握未来趋势也许是重要的，但无论如何，考察这方面的历史本身无疑是很有意思的。

1. 早期起源

一些证据显示，肌肉力量和抗阻训练的起源可追溯到几千年前的古代。约公元前2500年的古埃及墓葬墙壁上描绘着呈现多种力量竞赛的艺术作品。约公元前1800年，在爱尔兰举办针对力量和爆发力的重物投掷比赛。由于战事频繁，很多地区都期望拥有强大的军队。因此，在约公元前1122—255年的中国，肌力测试服务于军事目的。

或许人们更熟悉的是对约公元前六世纪古希腊人的赞誉。众所周知，古希腊人在体育和竞技运动方面追求卓越。雅典城邦重视体育的美学价值，而斯巴达人重视体育的主要目的是建立一支强劲有力的军队，要求男性和女性有良好的身体形态。男孩在6～7岁时便被送到军事学校进行严格的训练，包括体操、跑步、跳跃、投掷标枪和铁饼、游泳及狩猎。虽然女性不需要离开家，但也要接受严格训练。此外，竞技体育十分流行，例如，约公元前776年举办首次奥林匹克运动会［包括赛跑、铁饼和标枪、跳远（负重）、摔跤、拳击、搏击、马术和五项全能项目］，许多人在体育馆训练以增强体能。希腊最著名的大力士或许就是Milo of Crotona。Milo获得5次摔跤冠军和22次力量项目冠军。他被认为是首位在抗阻训练中使用渐进性负荷的人。据称，Milo每天都扛一只小牛在他的肩上，直到小牛完全长大，最后他能扛着4岁的母牛走完奥林匹亚体育场（约200 m）。此外，古希腊人因举重石而闻名。事实上，最早的健美比赛之一是在斯巴达举行的。斯巴达的男性均接受体格鉴定，若体格发展不佳会受到惩罚。用于军事目的的力量训练在罗马帝国军队得到持续沿用。罗马帝国灭亡后的1 000年由于宗教对体育训练的反对，早期体能训练没有什么发展。

2. 19世纪的发展

在19世纪体能训练得到日益普及，体育教育取得长足进步。

受民族主义影响，著名的体育教育家（来自德国和瑞典）培育的几名学生将他们的想法与理念带入美国，这些理念被几位美国教育家采纳并加以修改。一些训练计划非常严格，主要包括体操训练，其他项目接受修改并融入了其他的训练方式，如徒手抗阻训练、健美操、柔韧性训练、比赛 / 竞技运动和舞蹈。有趣的是，使用的抗阻训练器材如绳子、药球（类似的器械在古希腊时期就已被使用）、哑铃、棍棒及其他工具在课程体系中都可以见到。哈佛大学毕业的医生 Dudley Sargent（1849—1924）是当时一位非常具有影响力的人物。他发明了几种健身器材并开发了测试肌力和运动表现的方法（萨扎特 Sargent 纵跳测试）。

19 世纪中叶到 20 世纪初期或许是最有影响力的早期阶段之一，这个时期被称为大力士时代。在这个时期，肌力表现方面取得的成果令人们意识到肌力和体型改变的可能性。在欧洲和北美地区，有人到处举办肌力表演，进行娱乐和商业化的推广宣传，有意思的是，这些人背景各异，其中不乏健壮人士，这些人向人们展示了非凡的肌肉力量。当然，他们中只有一部分人在一定程度上为一些抗阻训练不朽神话的缔造立下了汗马功劳。George Barker Windship 是一位哈佛大学毕业的医生，在北美进行力量巡回表演，展示他所命名的健康举（硬拉动作范围的一部分）。加拿大 Louis Cyr（1863—1912）身型庞大（136 kg），拥有惊人的力量，例如，背后硬拉成绩 153.18 kg 和著名的拉马表演。然而，反对重量训练的人士当时就向 Cyr 指出，重量训练可能导致体型过于庞大，行动缓慢，造成肌肉臃肿。Louis Uni（1862—1928）又称“伟大的阿波罗”，是一位法国马戏团的大力士，有着惊人的力量（单臂可抓举 80 ～ 90 kg，抛接 20 kg 重物），并使用类似于今天的粗杠进行训练。Ludwig Durlacher（1844—1924），也被称为 Attila 教授，是一位德国大力士，他有着惊人的核心力量，曾声称自己发明、改造或改善了多种训练器械，包括罗马椅。或许训练其他大力士的能力是他最显著的才能。George Hackenschmidt（1877—1968），又名俄罗斯雄狮，他是一位摔跤冠军，也是一位大力士，后来声称自己发明了哈克深蹲（Hack squat）。Henry “Milo” Steinborn（1894—1989）是一位著名的摔跤运动员，也是一位大力士，他做出了现代奥林匹克杠铃的原型，其末端可

读书笔记

读书笔记

旋转。Sigmund Klein（1902—1987）是一位德国移民到美国的大力士，因惊人的力量、出色的身体素质并撰写有关负重训练的文章而出名。Thomas Inch（1881—1963）被称为“英国最强壮的青年”，他是当时最有名的唯一能够成功单手将直径7.62厘米、重78 kg的哑铃从地面举过头顶的人，在今天通常被称为托马斯英寸哑铃（Thomas Inch Replica dumbbell），许多力量型选手在训练中使用该哑铃。最后，Eugen Sandow（1867—1925），他是一位德国大力士，后来到英格兰进行表演，其力量表现令人难以置信。然而，他是因完美的体格和每年都赢得奥林匹克先生（Mr. Olympia）健美大赛冠军奖杯而出名的。

3．20世纪的发展

20世纪初期到中期发生了诸多变化。与抗阻训练有关的传说和误解开始升级，尽管大力士们在各地进行巡回演出，但他们其中一些人的行为开始由市场驱使。尽管他们的力量和围度是通过各种举重训练方式获得的，但却开始向市场推广其他形式的抗阻训练器械，声称力量增加的同时，不会导致大肌肉块。很多人倾向于抗阻训练的替代形式（绳类器材、静力练习等），其中最出名的是Angelo Siciliano。Angelo Siciliano（1892—1972），更为人知的名字是Charles Atlas，他“从97磅的柔弱者开始，锻炼成为世界上最完美的男人”。他有一些经典广告家喻户晓，并宣传说任何人只要持之以恒地坚持他的计划，他或她将都会变得身体强壮、体态健美。

4．传说与误解

抗阻训练会使肌肉过大、动作缓慢及使运动表现下降，在体能训练发展过程中，过去出现过一些传说和误解。尽管都已被科学证伪，有几点错误的认识至今仍然存在。虽然无法解释为什么有些误解会一直广为流传，但体能训练的从业工作者无疑需要尽全力消除这些相关的误解。其中之一就是抗阻训练导致肌肉僵化，有人认为，大块僵化的肌肉会降低动作的灵活性、速度和运动表现。此传说可以追溯到100多年前的大力士时代。事实上，抗阻训练有利于各方面的体能素质，提高运动表现。当然这一点上也有例外，如果一个人只进行慢速训练以增加大量的肌肉，那么理论上可能出现动作变得更慢的情况。然而，抗阻训练的特点是：中至快速的提举练习可以增加速度、提高运动表现。目前多数力量型或爆发力型运动员都在进行抗阻训练，很少出现速度下降的迹象。因此，合适的训练计划设计对提高速度和运动表现至关重要，正确进行抗阻训练会提升运动水平。

Charles Atlas 的训练理念被称为动态张力（Dynamic tension），由 12 节抗阻训练课程组成（身体负重，等长收缩），每天 15 分钟，无场地限制。至今，已有数百万人阅读过他的训练教材，或采纳了他的一些训练方面的建议，这足以证明 Charles Atlas 是 20 世纪 20 年代的营销天才。

5. 当今的体能训练

目前，抗阻训练是几乎可以向所有人推荐的锻炼方式，因为它已在临床、健身和运动人群中证明可以有效促进身心健康，提高运动表现。20 世纪 70 年代以来，人们进行了大量关于抗阻训练的科学研究（在 20 世纪 40 年代中期至 60 年代只进行了少数研究）。因此，人们对抗阻训练的观念及积极参与抗阻训练的人数都有了较大的转变。抗阻训练日益流行应当归因于主要的运动健康组织将其纳入常规运动方案中，如美国运动医学会（American College of Sports Medicine，ACSM）。美国运动医学会 1998 年提出“为发展和维护健康成年人的心肺功能、肌肉适能及灵敏性需进行锻炼的质与量的建议”，制订了最初的关于抗阻训练的计划，一套 8 ～ 10 组练习，每组重复 8 ～ 12 次，其中一组练习需锻炼所有大肌肉群；对于老年人和体弱者，可每组重复 10 ～ 15 次。最初方案已证明，未受过训练的人在前 3 ～ 4 个月中能有效改善肌肉适能。2002 年，美国运动医学会给出补充建议，逐渐过渡至中级专业化和高级专业化的训练形式，特别是想要提高其肌肉增长、肌肉力量、肌肉爆发力及肌肉耐力的所有健康成年人，包括一般健康体能人群、运动员及老年人。2009 年再次补充，提出了实证文献以支持这些指导方针。因此，经过漫长的时间，至今抗阻训练已被科学证明，并成为强烈建议健康成年人采纳的训练模式。

现今的体能训练发展突飞猛进。在休赛期、赛季前和赛季中，几乎所有的运动员都遵循系统体能训练计划进行训练。由于大量的证据证明体能训练对获得最佳运动表现很重要，故各种

读书笔记

读书笔记

比赛级别从初中、高中到专业级别，体能教练的地位都得到很大提升。尽管不是所有学校或运动项目都有真正的体能教练，但至少会配有一位助理教练负责指导体能训练课。体能训练的日益流行给予学生宝贵的机会学习体能训练相关领域的课程，拥有一份具有发展前景的职业，有机会与不同背景的运动员一起工作。

任务二　掌握体能训练原则

新知导入

人的精神意志是决定成败的重要因素。正如一位哲人所说："自信是任何一项事业获得成功的基石。"钢筋铁骨般的形体是靠意志和汗水锻造的。如果缺乏自信，将无法面对日复一日乏味枯燥的练习，也无法承受肌肉灼烧般的酸痛。而任何意志上的松懈和怠慢，都会导致运动损伤，"三天打鱼，两天晒网"必事倍功半。

在训练开始阶段，情绪低落是很自然的，关键是要对自己抱有信心，努力从阴影中走出来。有一句格言说得好："倘无自信和毅力作双桨，将永远达不到成功的彼岸。"胜利往往就在于再坚持一下的努力之中。夯实自己的信念吧，任何东西都无法阻止你前进的步伐。成功在于正确地完成每一个动作，接下来就让我们学习体能训练的基本原则。

读书笔记

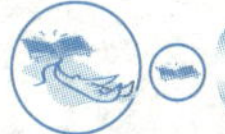

知识解答

一、循序渐进原则

人不可能"一口吃成个胖子"，训练也要一步步来。先从小负荷练起，不可贪重求快，应以保证完成规定的次数为度，切记欲速则不达。

二、注重热身

充分而有效的热身是必不可少的。在正式锻炼之前，10 分钟左右的有氧运动量是不可或缺的。而且在每次大负荷动作之前，一定要先做一组或几组中低等强度（负重的 50%）的练习，让目标肌肉兴奋起来，让相关的关节和韧带充分伸展，供血更加充足。

读书笔记

三、平衡锻炼

在锻炼的过程中，人体各部肌肉是不会同步进行的。而且有的肌肉生长得相对快一些，有的慢一些。如果不考虑平衡锻炼，势必会影响体格全面均衡发展。欲求平衡，关键在于着重锻炼薄弱部位。如果情况允许，可优先向弱部发起冲击，把强部放在其后进行，并适当减少动作的组数。

四、先大后小

在锻炼过程中有一条“先大后小”的原则，不容忽视。原因是锻炼大肌群之前不要把能量消耗在小块肌肉上。例如，先练背部肌肉，后练前臂肌群，如果倒过来会因握力减弱而影响锻炼效果。

五、意念集中

意念是动作的指令，是意识能动性的体现。在训练时把意念集中在动作的全过程和目标肌肉上，将会大大提高锻炼效果。

任务实施

知识抢答比赛

活动形式：以小组为单位进行知识抢答比赛。

活动目的：培养学生自主学习、善于思考的能力，树立协作精神，锻炼学生的语言表达和思维逻辑能力，在探索和回答问题的过程中掌握民航体能训练的原则。

活动步骤：

（1）将班级同学分成若干小组，每组 6 ～ 8 人为宜，设组长一名。

（2）老师介绍抢答比赛的规则要求：①依据老师提出的问题，组长协调组员分工搜索问题的答案，并进行汇总整理；②各小组选定一名同学负责抢答；③回答问题的小组答完以后其他小组可以进行补充，补充正确加 1 分。

（3）老师提出本场抢答赛的问题：思考体能训练的原则有哪些？

（4）小组抢答：规定 10 分钟左右的时间进行准备，到时间后老师组织抢答。

（5）老师对每个小组的表现作出评价，并进行打分。

（6）老师做总结性发言，根据问题做详细的解答。

任务检测

小组得分表见表 1-2。

表 1-2 小组得分表

评分标准	正确全面（3 分）	正确不全面（2 分）	不正确（0 分）	补充问题（1 分）
问题				
总分				

知识拓展

维护关节健康的五大营养素

一个运动员水平的高低不是他的技术有多好，速度有多快，而是他避免伤病、保持身体健康的能力有多强。关节与韧带是所有训练者（运动员）都最容易受伤的部位，关节的强大与否直接决定着运动寿命的长短，而保护关节的方法主要有营养、护具和训练三种。在此只讲解营养部分。

不可不知的维护关节健康的五大类营养：

1．鲨鱼软骨

鲨鱼软骨中富含 ATT，即抗新生血管生长因子，对于风湿性关节炎有着不错的疗效。鲨鱼软骨中富含软骨素，可以活化人体结缔组织，重建关节软骨，对于因运动类伤病所造成的关节软骨缺失、关节软骨退化都有着很大的帮助。

2．硫酸软骨素

硫酸软骨素多源于动物的软骨中，如鲨鱼、鸡、牛等，故所谓的“以形补形”从关节保护角度讲是有一定道理的。硫酸软骨素可以有效地缓解关节疼痛，清除关节内废物，促进关节软骨修复。

3．胶原蛋白

胶原蛋白除去广为熟知的美容养颜的功效外，对于人体的骨骼、关节、软骨、肌肉都起着保护和修复的重要作用。鸡翅、牛蹄筋、猪蹄、海参等食物中都含有丰富的胶原蛋白。

读书笔记

读书笔记

4. 葡萄糖胺

葡萄糖胺是关节软骨的重要组成部分，可以帮助修复关节软骨，并且刺激软骨细胞生长。葡萄糖胺是治疗运动类伤病的黄金营养，对半月板损伤、骨质增生、关节炎、髌骨软化、滑膜炎、肩周炎、腰椎间盘突出等常见伤病，都有一定的疗效。葡萄糖胺广泛存在于虾、螃蟹等的甲壳中，多食用有利于重建关节软骨。

5. 钙

钙作为骨骼发育的基本原料，对于维持关节及软骨健康也起着非常重要的作用。据调查表明，有九成的国人始终处于钙的匮乏状态。因为咖啡、浓茶、盐、烟、酒、碳酸饮料都会导致钙的大量流失，所以我们应当加大油菜、奶制品、牡蛎、豆腐、橄榄菜等含钙较高食物的摄入量。此外，钙的补充也要注意吸收方式和补充时间，因早晨人体对于钙的吸收能力最强，故应当多摄入含钙高的食物。我们还可以通过多做运动、多晒太阳的方式，提高血液循环，增加维生素D来加强钙的吸收。

摄入关节保护类营养时，一定要注意多种营养均衡摄入的原则，五种营养搭配食用，才会发挥关节保护类营养最大的功效。关节保护类营养是需要长期持续补充才能让人们感受到它的神奇和功效，训练者切忌“随意性”的饮食方式。

一、简答题

1. 简述民航体能训练的作用。
2. 民航体能训练有什么特点？

二、思考题

你认为在体能训练的过程中要注意什么？

项目二

力量素质训练

1. 熟悉民航专业力量训练的重心。
2. 掌握力量训练的基本方法、手段及注意事项。
3. 能够完成不同部位的力量练习。
4. 在力量训练中享受乐趣、增强体质。

情境描述

“感谢您乘坐我们的航班，再见。”现在已是晚上 11 点了，小王刚刚送走最后一批旅客。很多人觉得空乘服务是高薪而轻松的工作，其实工作内容非常烦琐，时间长、压力大。要胜任这份工作，良好的身体素质是必不可少的。本项目主要介绍力量素质训练的相关知识。

任务一　了解力量训练基础知识

新知导入

通过增强肌肉力量，女性的最大力量负荷可以增加 30%～50%，从事日常工作不易疲劳，而且参加其他活动也不容易造成损伤。美国基督教青年会的韦恩博士研究发现，女性连续两个月每周进行 2～3 次的举重训练，可减去 1.6 千克的脂肪而“制造”近 1 千克的肌肉。而且，通过锻炼获取的肌肉还会继续消耗热量，500 克肌肉每天要燃烧 35～50 卡路里的热量，而一般的有氧运动是无法达到这样效果的。通过力量锻炼，骨的含钙量可以在短短半年内增加 13%。再配合适当的饮食，可以很好地抵御由缺钙导致的骨质疏松症。另外，力量锻炼能够促进骨骼肌的发育，还有助于增强软组织和关节的牢固程度。最近一项为期 12 年的调查结果显示，举重训练可成功减缓和消除背部的慢性疼痛，其有效率高达 80%。由于女性体内促进肌肉增长的激素含量远远低于男性，所以女性通常不会因为进行举重训练而导致体型格外魁梧，不必担心肌肉线条过分男性化。

读书笔记

知识解答

一、力量素质的概念

力量素质是指人体运动或工作时肌肉收缩产生的克服阻力的能力。肌肉工作所克服的阻力包括外部阻力和内部阻力。外部阻力如地心引力、空气阻力、水流阻力、摩擦力等；内部阻力如肌肉间的对抗力、组织间的黏滞力等。

二、力量耐力的概念和特点

从力量的训练特征来划分，一般将力量素质分为最大力量、相对力量、速度力量和力量耐力四种。作为民航服务人员，需要应对长时间复杂

读书笔记

的工作，力量耐力显得尤为重要。

（一）力量耐力的概念

力量耐力是指人在克服一定外部阻力时，能坚持尽可能长的时间或重复尽可能多的次数的能力。也就是运动员在静力性或动力性工作中，能长时间保持肌肉紧张用力而不降低工作效率的能力。

（二）力量耐力的特点

力量耐力好坏取决于神经过程的强度、灵活性和延续性，以及肌肉功能过程的顺畅性。根据不同运动项目中力量耐力的表现形式不同，力量耐力可分为动力性力量耐力和静力性力量耐力。动力性力量耐力又可分为最大力量耐力（重复发挥最大力量的能力）和快速力量耐力（重复快速发挥力量的能力）两种，如田径、球类、游泳、体操等项目所需要的力量耐力；静力性力量耐力则主要表现在射击、射箭、速度滑冰、摔跤和支撑性运动项目中，民航服务人员发展静力性力量耐力居多。

三、力量素质的训练影响因素

力量素质的提高和发展是以人体肌肉的形态、结构机能、生理生化机能的改变为基础，以神经中枢的兴奋和抑制过程的强度与集中，以及相适应的神经过程充分协调为前提而建立起来的各种用力动作的条件反射的结果。也就是说一个人肌肉力量的大小要受到其生长发育水平、性别、体重、自身肌肉结构、特征，以及生理生化和训练方面的各种各样因素的制约，其中训练因素是可以通过努力来控制的。

运动训练中的许多因素如负荷强度、动作速度、动作幅度、练习的组数、每组练习重复的次数、每组练习的间歇时间等训练因素都会对力量的大小和特性产生很大的影响。

（一）负荷强度与重复次数

多年的运动实践证明，练习时若负荷重量重，重复次数少，则发展最大力量效果较好，尤其肌肉群受到超负荷练习后，力量素质会得到有效的发展；若重量与次数皆适中，则增大肌肉体积较显著；若重量重、重复次数多，则主要发展肌肉耐力。每组练习的间歇时间较长，使机体消耗的能量得到恢复再进行下一组练习，那么发展力量效果就好；反之，机体生理、

生化等指标均下降，疲劳状态下仍然进行力量训练，肌肉力量的发挥也呈下降趋势。

（二）动作速度

练习时，完成技术动作速度的快慢对发展力量的特性有重要的影响。例如，练习时尽量加快动作的速度，尤其是单个动作速度，能有效地发展爆发力；练习时注意加快单个动作速度，也注意加快动作的频率（重复若干次数），能发展一般速度力量。一般对动作速度不做过多要求，若强调每次练习的负荷量或次数，能发展最大力量或速度力量。

（三）以肌肉收缩形式为基础的不同训练方法

以等张的离心或向心，等长、等动等不同的肌肉收缩形式为基础采取不同的训练方法对力量的大小和特性将产生巨大的影响。等长收缩的静力性练习主要能提高静止性用力的力量，等张收缩的动力性练习能明显提高肌肉的爆发性力量和灵活性。

（四）原有的训练基础

训练基础较差者开始训练后，力量会增长得很快，而训练基础好的人，力量增长速度就比较慢，如果停止力量训练，增长的力量就会逐渐消退。力量消退的速度大约为提高速度的三分之一，即力量提高得快，停止训练后消退得也快。经过长时间训练逐渐提高的力量，停止训练后，保持的时间也长。有的专家研究，只要每6周进行一次力量训练，就可延缓力量的消退速度。如果每1～2周进行一次最大力量训练，则基本可以保持所获得的力量。

任务实施

民航专业力量素质训练基础知识抢答比赛

活动形式：以小组为单位进行知识抢答比赛。

活动目的：培养学生自主学习、善于思考的能力，树立协作精神，锻炼学生的语言表达和思维逻辑能力，在探索和回答问题的过程中了解力量素质训练的基础知识。

活动步骤：

（1）将班级同学分成若干小组，每组6～8人为宜，设组长一名。

读书笔记

（2）老师介绍抢答比赛的规则要求：①依据老师提出的问题，组长协调组员分工搜索问题的答案，并进行汇总整理；②各小组选定一名同学负责抢答；③回答问题的小组答完以后其他小组可以进行补充，补充正确加1分。

（3）老师提出本场抢答赛的问题：①什么是力量素质？②按照力量素质的训练特征可分为哪几种？你认为与民航服务人员相关性最大的是哪种，并介绍它的概念和特点。③影响力量素质的因素是多方面的，其中哪一种属于后天因素，并且可以通过自身努力来完成。

（4）小组抢答：规定10分钟左右的时间进行准备，到时间后老师组织抢答。

（5）老师对每个小组的表现作出评价，并进行打分。

（6）老师做总结性发言，根据问题做详细的解答。

任务检测

小组得分表见表2-1。

表2-1　小组得分表

评分标准	正确全面（3分）	正确不全面（2分）	不正确（0分）	补充问题（1分）
问题一				
问题二				
问题三				
总分				

知识拓展

引起重视的必要营养物质

必要的营养物质补充对力量的增长有明显的影响，其中最重要的营养物质是蛋白质。构成肌肉组织的主要成分是蛋白质，从事力量训练的人必须比发展其他身体素质补充更多的蛋白质，才能保证正常的新陈代谢，特别是合成代谢的需要。而且这种补充不能单纯地依靠天然食品来完成，需要补充蛋白质制剂，甚至直接补充氨基酸。

人体中的许多矿物质，对机体的生命活动起重要的作用。其中对肌肉力量影响最大的是钾和钠。钾的作用是使肌肉收缩，而钠的作用是使肌肉放松。缺钠可引起食欲不振、体重下降、血压降低、力量减弱、肌肉痉挛等，所以，运动员在夏天大量排汗后饮水应该补充食盐。缺钾会影响蛋白质的合成，使肌肉的正常活动受限制，严重缺钾者骨骼肌的收缩功能会丧失。钾对肌肉收缩具有极为重要的作用。因此，如何合理地、科学地摄取和补充钾、钠是进行力量训练时应引起重视的问题。

读书笔记

读书笔记

任务二　掌握力量素质训练的基本方法、手段及注意事项

新知导入

力量素质训练的实践过程中，教练员创造了多种多样发展肌肉力量的方法，或是作用于整个肌肉系统或是有选择性地作用于某些肌肉群，这些具体的练习形式是形成现代力量训练方法的基础。

知识解答

一、力量训练的基本方法

（一）动力性克制收缩练习方法

动力性克制收缩练习方法是指肌肉在拉长状态下以近端固定收缩克服外阻力的力量训练方法。在体育技术中，为克服地心引力，运动员支撑腿髋、膝、踝关节的伸肌群以近端固定收缩，使关节伸展，支撑反作用力推动人体进入腾空状态。为发展下肢肌肉的蹬伸支撑力量，以动力性克制收缩负重或徒手跳跃练习方法发展臀大肌、臀中肌、臀小肌、股四头肌、小腿三头肌等肌群克制性收缩力量。动力性克制收缩力量练习方法主要发展伸肌群的最大力量、速度力量和力量耐力素质。各种负重力量练习和跳跃力量练习都属于这种力量练习方法。

（二）动力性退让收缩练习方法

动力性退让收缩练习方法是指肌肉在拉长状态下以远端固定收缩克服外阻力的力量训练方法。在体育技术中，由于重力、冲撞力、冲量的作用，人体的支撑器官如下肢和脊柱等需要在维持一定的关节角度的同时进行吸收和缓冲冲撞力，避免人体受伤。在这种情况下，肌肉以远端固定在缩短中被迫拉长，进行离心收缩。在这一过程中，伸肌群在缩短中拉长，而屈肌群同时在拉长中缩短，共同维持关节角度处在有利于伸肌发挥弹性

势能的位置，并且能够承受更大的外部阻力。动力性退让收缩力量练习方法在发展屈肌群力量的同时，也发展伸肌群的弹性势能储备能力。跳深练习和有水平速度的单腿连续跳跃、双腿跳跃练习可以很好地发展肌肉的动力性退让收缩力量素质。

（三）等动力量练习方法

等动力量练习方法是指在等动力量练习器械上进行的肌肉抗阻力始终恒定的力量练习方法。外部阻力负荷始终随着负重关节角度的变化而变化，即恒速力量练习；或关节角度无论变化到哪个位置，都能承受最大负荷。因此，等动力量练习方法被认为是发展最大力量和避免受伤的最好的力量训练方法。

（四）超等长收缩练习方法

肌肉在外阻力作用下在缩短中被拉长，进行超等长收缩。超等长收缩与退让性收缩的不同之处是，前者强调的是在离心收缩时储备大量的弹性势能，在后续向心收缩时转化为对外做功的动能；后者则强调肌肉的退让拉长的缓冲作用和承受负荷的能力。跳跃运动员的起跳腿伸肌群在脚着地时进行超等长收缩。

读书笔记

（五）静力性练习方法

静力性练习方法是指不改变肌肉长度、张力变化的力量练习方法。

（六）电刺激练习方法

电刺激练习方法是指利用电刺激替代神经冲动使肌肉产生收缩的力量练习方法。

（七）组合力量练习方法

组合力量练习方法是将上述力量练习方法进行不同搭配组合进行综合力量训练的力量练习方法。

二、力量训练的基本手段

（一）负重抗阻力练习手段

负重抗阻力练习手段是一种负重物、杠铃、沙袋等克服外阻力的负重

读书笔记

力量练习手段。

（二）对抗性力量练习手段

对抗性力量练习手段是将对手的力量作为阻力进行对抗力量练习。

（三）克服弹性阻力的练习手段

克服弹性阻力的练习手段是利用弹性物体的变形阻力发展身体的局部力量。

（四）利用外部环境阻力的练习手段

利用外部环境阻力的练习手段是利用自然环境如沙滩、水阻力、山坡等进行力量练习。

（五）克服自身体重的练习手段

克服自身体重的练习手段是进行各种徒手的蹲起、跳起、跳跃、跳台阶等力量练习。

（六）利用专门力量训练器械的练习手段

利用专门力量训练器械的练习手段是利用各种综合的、单一功能的、专项的力量训练器械进行力量练习。

（七）电刺激力量练习手段

利用电刺激仪产生的脉冲电流，代替由大脑发出的神经冲动，使肌肉收缩，达到提高肌肉力量的目的。

三、力量训练的注意事项

（1）力量训练要循序渐进、持之以恒。

（2）力量训练的负荷大小要因人而异，逐渐地增加负荷。

（3）力量训练要体现全面性与专项性的统一，与练习动作和技术相结合。

（4）力量训练要掌握正确的练习方法和呼吸方法，注意安全。

由于憋气有利于固定胸廓，提高腰背肌紧张程度，因此可提高练习时的力量，所以极限用力往往要在憋气的情况下进行。有学者进行背力测定研究发现，如一人憋气时背力最大为133千克，在呼气时为129千克，而在吸气时力量最小，为127千克。虽然憋气可以提高练习时的力量，但用力憋气会引起胸廓内压力的提高，使动脉的血液循环受阻，而导致大脑贫血，甚至会产生休克。为避免产生不良后果，力量练习时必须注意以下几点：

（1）当最大用力的时间很短，但有条件不憋气时，就不要憋气。尤其在重复做用力不是很大的练习时，应尽量不憋气。

（2）为避免用憋气来完成练习，对刚开始训练的人，所给予的极限和次极限用力的练习不要太多，并让其学会在练习过程中完成呼吸。

（3）在完成力量练习前不应做最深的吸气，因为力量练习时间短暂，吸的气并不会立即在练习中产生作用，相反，深度吸气增加了胸廓内的压力，此时如再憋气就可能产生不良变化。

（4）用狭窄的声带进行呼气，几乎也可达到与憋气类似的力量指标。因此，做最大用力时可采用慢呼气来协助最大用力练习的完成。

（5）力量训练要有针对性、区别性。对儿童、女性进行力量训练时，要考虑年龄、性别差异。

任务实施

力量素质训练理论知识抢答比赛

活动形式：以小组为单位进行知识抢答比赛。

活动目的：培养学生自主学习、善于思考的能力，树立协作精神，锻炼学生的语言表达和思维逻辑能力，在探索和回答问题的过程中了解力量素质训练的理论知识。

活动步骤：

（1）将班级同学分成若干小组，每组6～8人为宜，设组长一名。

（2）老师介绍抢答比赛的规则要求：①依据老师提出的问题，组长协调组员分工搜索问题的答案，并进行汇总整理；②各小组选定一名同学负责抢答；③回答问题的小组答完以后其他小组可以进行补充，补充正确加1分。

（3）老师提出本场抢答赛的问题：①力量训练的基本方法有哪几种？②力量训练的基本手段有哪些？③你认为在力量训练的过程中有哪些注意事项？

（4）小组抢答：规定10分钟左右的时间进行准备，到时间后老师组织抢答。

读书笔记

（5）老师对每个小组的表现作出评价，并进行打分。

（6）老师做总结性发言，根据问题做详细的解答。

任务检测

小组得分表见表 2-2。

表 2-2 小组得分表

评分标准	正确全面（3 分）	正确不全面（2 分）	不正确（0 分）	补充问题（1 分）
问题一				
问题二				
问题三				
总分				

知识拓展

强度、组数、次数与发展力量的关系见表 2-3。

表 2-3 强度、组数、次数与发展力量的关系

目的 / 标准 / 项目	强度（重量）	组数	每组重复次数	完成动作速度	每组间歇时间
发展最大力量（绝对力量）	85% ～ 100%	6 ～ 10	1 ～ 3	快到适中	3 分钟
发展速度力量	70% ～ 85%	6 ～ 8	3 ～ 5	极快	3 分钟
发展小肌群力量或增大肌肉体积	60% ～ 70%	4 ～ 8	6 ～ 12	适中到慢	3 ～ 4 分钟
发展力量耐力	60% 以下	2 ～ 4	12 次以上	适中	3 ～ 4 分钟

在进行发展力量素质练习时，应偏重于摆动的动力性练习，尤其要注意动作的振幅。这样做可以使练习者获得用力感和速度感，增强技术动力力量，培养快速完成动作的能力，同时，也改进了关节的灵活性。为了增大动作的振幅，要注意结合肌肉的放松和伸展练习，以使肌肉保持弹性和柔韧性。

读书笔记

读书笔记

任务三　完成身体不同部位的力量练习

新知导入

发展力量素质的本质在于发展肌肉力量。本任务根据教学训练的体会，提供一些简易可行的发展肌肉力量的动作方法，供教学训练时参考。

知识解答

一、发展肌肉力量的具体方法

（一）俯卧撑

动作方法：俯身向前，手臂撑地，手指向前，两臂伸直，两手撑距同肩宽，两腿向后伸直，两脚并拢以脚尖着地。两臂屈肘向下至背低于肘关节，接着两臂撑起伸直成原来姿势（图 2–1）。

图 2–1　标准俯卧撑

图 2-1 标准俯卧撑（续）

练习要求：身体保持平直，不能塌腰成“凹”形，也不可拱臂成“凸”形。

作用：多次重复该动作，能发展三角肌的前部、胸大肌及肱三头肌等上肢力量。

若提高练习难度和效果，可变化下列方式进行练习：①手掌撑变为手指撑，连续做俯卧撑动作；②两臂宽撑（掌撑或指撑），连续做俯卧撑动作；③两臂宽撑，两手握砖连续做俯卧撑动作；④一腿抬起，另一腿着地，连续做俯卧撑动作；⑤两脚放在横木上，连续做俯卧撑动作等。

（二）引体向上

动作方法：两手正握或反握单杠，握距同肩宽，两脚离地，两臂伸直，身体悬垂；引体发力，身体向上拉至头过杠面，然后身体慢慢垂下成原来姿势（图 2-2）。

练习要求：发力引体不要借助身体摆动和屈蹬腿的力量。

作用：多次重复该动作能发展胸大肌、背阔肌及肘关节屈肌群力量等。

若提高练习难度和效果，可变化下列方式进行练习：①两手正握单杠悬垂，连续做引体向上，头触杠做头前伸动作；②一手反握杠，另一

读书笔记

读书笔记

手腕扣杠，连续做引体向上动作；③脚负小沙袋在单杠上连续做引体向上动作。

图 2-2 标准引体向上

（三）双杠臂屈伸

动作方法：两臂屈伸在双杠上，身体垂直在杠内，屈臂至两臂完全弯曲，接着用力撑起，使两臂伸直成原来姿势（图 2-3）。

图 2-3　双杠臂屈伸

读书笔记

读书笔记

练习要求：身体要直，下肢自然下垂，腿不要屈伸、摆动。

作用：多次重复该动作能发展胸大肌、三角肌前部、肱三头肌力量。

若提高练习难度和效果，可变化下列方式进行练习：①脚背放置小沙袋或壶铃连续做屈伸臂动作；②腰负重物或穿沙背心连续做屈伸臂动作；③在吊环上连续做屈伸臂动作。

（四）仰卧起坐

动作方法：仰卧在地板上或体操垫上，使身体处于水平位置，腿伸直，一般两手抱头，然后向上抬上体至垂直部位，再慢慢后倒成原来姿势（图 2-4）。

图 2-4　标准仰卧起坐

练习要求：起坐动作速度要快，下卧时动作速度应慢。

作用：多次重复该动作，能发展腹肌、髂腰肌等力量。

若提高练习难度和效果，可变化下列方式进行练习：①仰卧在长凳上，两手持杠铃片置于脑后，两脚固定，连续做仰卧起坐动作；②仰卧在斜板上，两脚钩住肋木，两手持球，两臂伸直，连续做仰卧起坐动作；③坐在跳箱上两腿由同伴握着，两手持杠铃片置于脑后连续做仰卧起坐动作；④仰卧，连续做元宝收腹起动作等。

（五）收腹举腿

动作方法：仰卧在地板上或体操垫子上，身体伸直处于水平位置上，两臂伸直自然置于体侧，然后收腹向上举起双腿至垂直部位，再慢慢放下成原来姿势（图 2-5）。

图 2-5　收腹举腿

读书笔记

练习要求：收腹举腿动作速度要快，放腿速度应慢。

作用：多次重复该动作能有效地发展腹肌和髋关节屈肌群力量。

若提高练习难度和效果，可变化下列方式进行练习：①支撑屈膝直角坐，接着成直腿后撑直角坐动作，反复练习；②背靠肋木，两手正握横木悬垂，两脚夹实心球连续做收腹举腿动作；③仰卧，两脚夹实心球连续做收腹举腿动作。

（六）连续跳跃

动作方法：用单腿跳跃和双腿跳跃进行水平跳、向前跳和向上跳。

练习要求：上体正直、蹬地有力、动作连贯。

作用：主要发展大腿前后群肌、小腿群肌及踝关节力量。

主要练习方法有：①原地单腿跳；②原地双腿跳；③单腿在高物上交替跳；④跳深；⑤多级跨步跑等。

如图 2-6 所示为连续单腿跳。

图 2-6　连续单腿跳

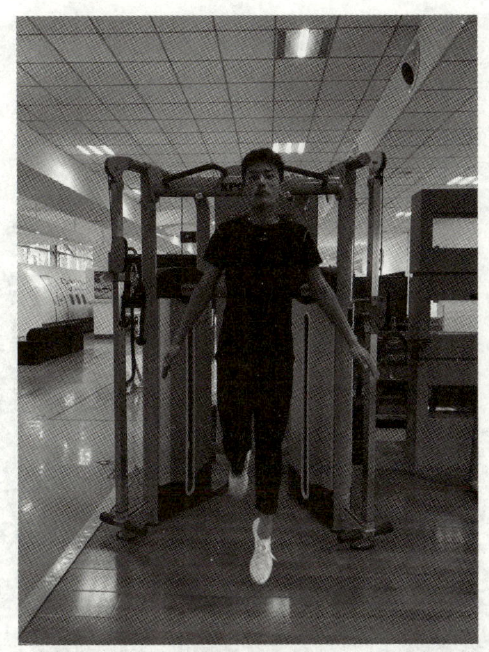

图 2-6　连续单腿跳（续）

（七）提踵运动

读书笔记

动作方法：前脚掌踏于垫木或台阶上，后脚弓保持悬空且低于前脚掌，然后尽量提高脚后跟再放下，连续进行（图 2-7）。

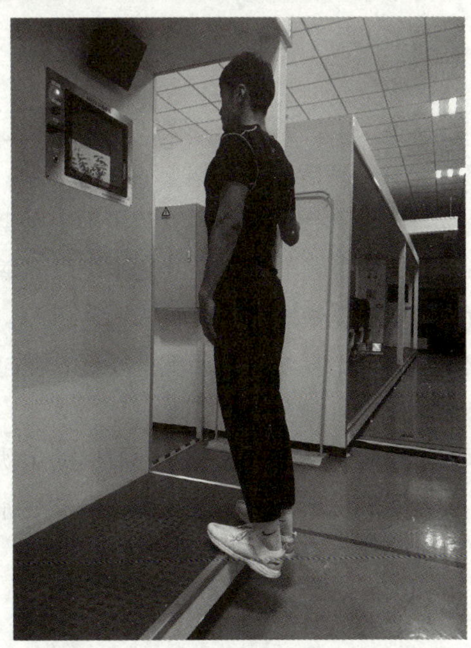

图 2-7　提踵运动

读书笔记

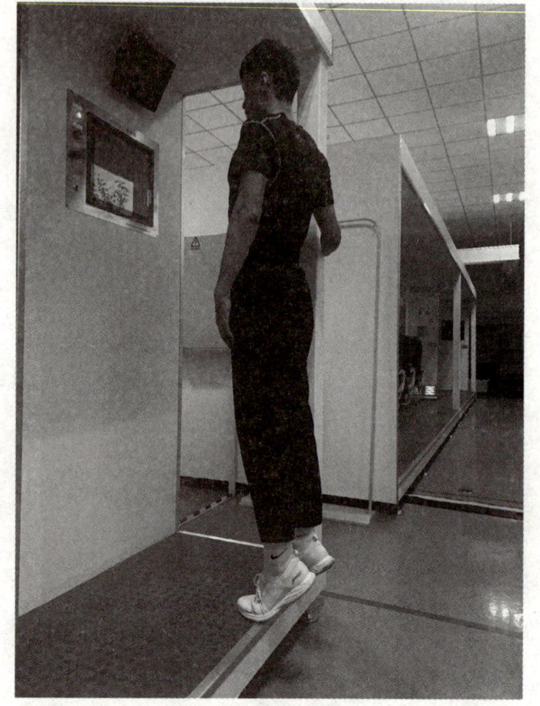

图 2-7　提踵运动（续）

练习要求：身体正直、上体挺拔，臀部不要后坐。

作用：主要发展小腿后部的比目鱼肌、腓肠肌、腓骨肌、短肌群力量，同时对踝关节处韧带的收缩也有益处。

（八）仰卧推举

视频：仰卧推举

动作方法：仰卧在推架上，调整好呼吸（用力时应先吸气），双手握紧杠铃，双手距离略宽于肩，然后把放在架上的杠铃举起，在适当的控制下慢慢放低杠铃至胸部，轻触胸部的瞬间再立刻出力上举直至两臂伸直状态（图 2-8）。此种练习重量应由轻渐重，轻的时候可以多举几次，若重量达到体能的最大负荷，则一次刺激也已足够。

练习要求：发力推起杠铃要快，放回胸上要慢。在向上发力推起杠铃时，要尽量避免腰部离开凳面向上借力现象。

作用：该动作练习是唯一能锻炼上身全部肌肉的运动，主要发展胸大肌、三角肌前部、前锯肌和肱三头肌力量。做仰卧推举练习也可以用哑铃进行，对发展上身小肌肉群肌力量更为有效。

图 2-8　仰卧推举

读书笔记

（九）飞鸟运动

动作方法：仰卧在板凳上，双手各握一个哑铃，两臂伸直，双掌向内，由胸部上面缓缓向两侧放低，尽量伸开两手臂，然后快速回到原来的姿势，因其动作类似鸟飞时双翼上下挥动一般，故取名为飞鸟运动（图 2-9）。

读书笔记

图 2-9　飞鸟运动

练习要求：往两侧平放时呼气，用力恢复原来姿势时吸气。

作用：主要发展胸部及臂部肌肉力量。为了加强胸大肌的训练效果，仰卧举起哑铃后，双手运动的路线改变为交叉绕环运动。

（十）仰卧哑铃过顶举

动作方法：仰卧在板凳上，双手重叠握住哑铃把的一端，使另一端可以放下。开始时将哑铃提起，两臂伸直，重量承受在胸部上端，然后慢慢从头顶上下放，直至两臂能舒适伸张到头顶的后下方，然后开始举回成原来姿势（图 2-10）。

图 2-10　仰卧哑铃过顶举

读书笔记

读书笔记

练习要求：下放时开始吸气，放至最低点肺部刚好充满气；开始上举时呼气，恢复到原来姿势时呼气结束。此动作练习，每节做 3 组，每组为 10 ～ 15 次。

作用：经常练习该动作可以发展胸肌及背部上部肌肉，更主要的是能扩展肋骨。

若增加练习的难度和效果，可变化为弯臂过顶举。其动作方法：仰卧在板凳上，身体平躺，膝盖约成 90 度，两脚平放地面，将哑铃提起，两臂伸直，重量承受在胸部上方，然后慢慢从头顶放下，直至手臂大约成 90 度时，再收回到原来姿势。

（十一）杠铃屈体划船运动

动作方法：两手握紧杠铃，两手距离约与肩同宽，上体前倾，头颈及背部保持平直，双膝略微弯曲（以减轻下背及腿后部的压力），然后吸气上拉杠铃至下腹部，再慢慢放回到原来姿势，同时伴随呼气（图 2-11）。每回可做 3 ～ 5 组，每组连续做 8 ～ 12 次。

练习要求：保持躯干平坦，控制前倾角度，固定手腕，确保背、膝、髋关节在正确的位置上。

作用：可有效发展上背肌群，扩展脊椎两旁下背肌群。

图 2-11　杠铃屈体划船运动

图 2-11 杠铃屈体划船运动（续）

（十二）哑铃单臂划船运动

动作方法：单膝跪凳，身体前弯，一只手支撑于矮凳上，另一只手提起哑铃，然后吸气用力侧上提至胸部高度，再呼气放下，连续 8 ～ 12 次之后，再换另一只手练习（图 2-12）。

图 2-12 哑铃单臂划船运动

读书笔记

图 2-12　哑铃单臂划船运动（续）

练习要求：腰部弯曲，背部挺直，上臂紧贴身体，上身保持不动。

作用：对背扩肌拉长增厚有明显的效果，对发展腰部及臂部的肌肉力量也有相当益处。

（十三）杠铃提拉

动作方法：站立于杠铃前，两腿自然开立。两膝稍弯曲，上体前屈，两只手正握杠铃，握距约与肩同宽，两臂伸直，调整好呼吸后，吸气用力慢慢提拉杠铃，此时头部及背部需保持平直，至直立再放下，连续 6 ～ 10 次为 1 组，每次做 3 组（图 2-13）。

图 2-13　杠铃提拉

图 2-13　杠铃提拉（续）

练习要求：臀部低于肩膀，头、背保持平直，杠铃重量应逐渐加重。

作用：对发展下背收缩肌群及腿后肌群力量具有绝对价值。

视频：肩负杠铃转体

（十四）肩负杠铃转体

读书笔记

动作方法：两脚左右开立，两只手扶住铃片，向左、向右两侧转体（图 2-14）。

图 2-14　肩负杠铃转体

读书笔记

图 2-14　肩负杠铃转体（续）

练习要求：上体挺拔直立，转体时两脚不能移动，转体至极限时稍停，动作要平稳、缓慢。

作用：主要发展腹外斜肌、腹内斜肌和腰背肌力量。

（十五）肩负杠铃四分之一屈膝蹲跳

动作方法：将杠铃置于颈后肩上，双手握杠略宽于肩，双脚左右开立约与肩同宽，上体保持挺直，然后屈膝四分之一，随即利用腿部肌力的收缩作用，做原位上跳，使两脚同时离地 3 ～ 5 厘米（图 2-15）。

图 2-15　肩负杠铃四分之一屈膝蹲跳

图 2-15　肩负杠铃四分之一屈膝蹲跳（续）

读书笔记

练习要求：双手必须牢固握住杠铃，使其不可离开后颈部，上体正直、紧腰、两腿充分蹬伸跳起。

作用：主要发展长背肌群、臀大肌、臀中肌、股二头肌、股四头肌、腰大肌、缝匠肌、半腱肌、腓肠肌、比目鱼肌群力量，对提高爆发力和弹性有显著的效益，并可增强心肺的耐力。

（十六）高抬腿

动作方法：两手握双杠，左（右）踝结橡皮筋，另一端固定在杠柱上，上

读书笔记

体前倾，做抬大腿动作，另一腿积极蹬直，连续练习，两腿互换做（图 2-16）。

图 2-16　高抬腿

练习要求：蹬、抬，送髋，抬腿用力，两只手不要拉杠。

作用：主要发展髂腰肌、大腿屈肌群力量。

（十七）俯卧屈伸

动作方法：俯卧，双脚结橡皮筋，另一端固定，连续做屈伸小腿动作（图 2–17）。

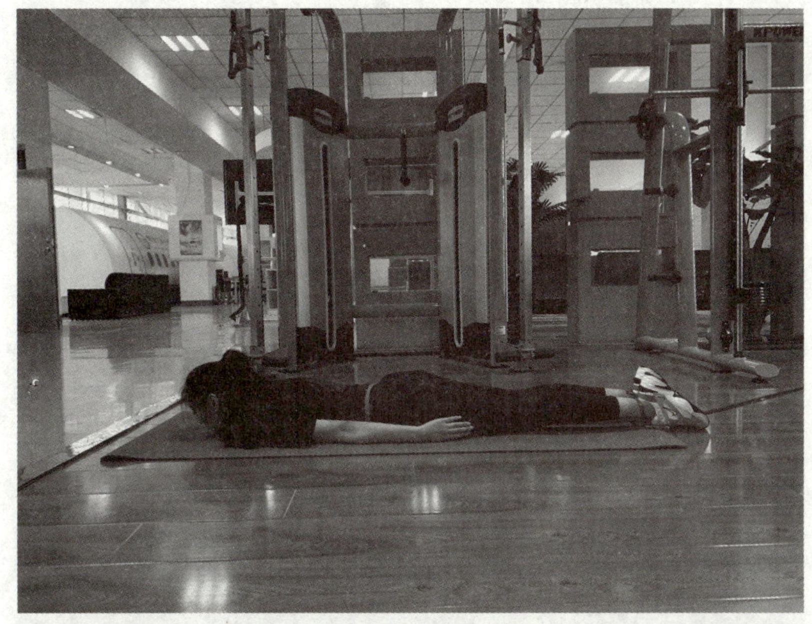

图 2–17　俯卧屈伸

练习要求：脚后跟触到或靠近臀部。

作用：主要发展股后屈小腿肌群力量。

读书笔记

读书笔记

二、身体各部位力量练习举例及注意事项

（一）上肢力量训练

（1）窄握距卧推（图 2–18）。

视频：窄握距卧推

图 2–18　窄握距卧推

作用：主要发展肱三头肌外侧头及胸大肌、三角肌力量。

要领：仰卧在卧推架上，窄握杠铃（握距不超过 30 厘米），两臂伸直，举杠铃于胸前并下放至胸部，同时两肘外展，把杠铃推起时尽量使用肱三头肌力量，并反复练习。

（2）仰卧颈后臂屈伸（图 2–19）。

图 2–19　仰卧颈后臂屈伸

作用：主要发展肱三头肌力量。

要领：仰卧，头伸出练习凳端数厘米，两手分开 30 厘米，反握杠铃，举在胸前，然后屈肘把杠铃慢慢放下，降至练习凳端，再伸肘把杠铃举回胸前，反复进行。此练习法也可用哑铃进行。

读书笔记

读书笔记

（3）弯举（图 2-20）。

图 2-20　弯举

作用：主要发展肱二头肌、肱肌、肌桡肌等力量。

要领：身体直立，反握杠铃，握距与肩同宽，屈前臂将杠铃举至胸前。可以坐着练习，也可以用哑铃等器械练习，还可以在综合练习器上进行手持杠铃或哑铃练习。此外，也可以采用仰卧弯举、肘固定弯举、斜板哑铃弯举进行练习。

（4）窄握距引体向上（图 2-21）。

图 2-21　窄握距引体向上

读书笔记

读书笔记

作用：主要发展肱二头肌、肱肌、胸大肌和背阔肌力量。

要领：两手间隔不超过 10 厘米，掌心朝下，屈腕成钩，钩住单杠。从悬挂姿势开始，向上拉起至下颌过横杠。然后两肘关节保持在较高位置，以肘关节为轴心，上臂慢慢放下 10 ～ 15 厘米，然后再向上拉起，直至颈部触及横杠。整个动作要缓慢、有节奏，反复进行。

（5）双臂屈伸。

作用：主要发展肱三头肌、胸大肌、背阔肌力量。

要领：不负重或脚上挂重物，捆上沙护腿、穿上纱衣等，在间距较窄的双杠上做双臂屈伸。练习时身体成反弓形，两肘紧靠身体两侧。向下屈臂时要充分，还原后重新开始。

（6）仰卧撑（图 2-22）。

作用：主要发展肱三头肌、三角肌、背阔肌力量。

要领：仰卧，两臂伸直撑在约 50 厘米高的台上或肋木上，屈臂，背部贴近高台（或肋木），然后快速推起至两臂伸直，连续做 10 ～ 15 次。也可将双脚抬高加大难度或负重物练习。

图 2-22　仰卧撑

图 2-22　仰卧撑（续）

读书笔记

（二）前臂力量训练

前臂力量训练主要采用少组数（3 ～ 5 组），多次数（16 次以上），组与组之间间歇很短的练习方法。训练时应不断提高负荷（强度），用大负荷量（大强度）给予前臂充分刺激，从而使前臂力量迅速、充分地发展起来。

（1）腕屈伸（图 2-23）。

作用：主要发展手腕和前臂屈手肌群与伸手肌群力量。

要领：身体跪地，两手反握或正握杠铃做腕屈伸，前臂固定在膝上或凳子上，腕屈伸至最高点，稍停顿，再还原。也可以坐着练习，用哑铃或杠铃片做交替腕屈伸。也可以采用斜板腕屈伸练习。

读书笔记

视频：腕屈伸

图 2-23 腕屈伸

（2）旋腕练习（图 2-24）。

作用：主要发展前臂屈手肌群和伸手肌群力量。

要领：身体直立，两小臂与地面平行，手握哑铃旋转手腕，反复练习。

图 2-24　旋腕练习

视频：旋腕练习

读书笔记

（3）斜板正握弯举（图 2-25）。

作用：主要发展深层屈指肌力量。

要领：两手与肩同宽正握杠铃，把肘关节放在一块斜度约为 40 度的木板上缘；掌心向上，慢慢将杠铃举起、放下；举起时，尽量把杠铃举至颈部。

读书笔记

图 2-25　斜板正握弯举

（三）肩部力量训练

肩部力量训练主要是指肩部肌群，特别是锁骨末端的三角肌的力量训练。肩部三角肌有三束肌肉，可分为前部、侧部、后部，合起来围绕肩部形成一个圆球。每一束肌肉必须采用专门的动作，单个练习，才能使整个三角肌全面发展。另外，在发展三角肌力量时，做一些发展斜方肌的力量练习，以更有效地发展肩部力量。下面介绍具体的技术动作。

（1）胸前推举（图 2-26）。

图 2-26　胸前推举

作用：主要发展三角肌侧前部肌肉，以及斜方肌、前锯肌、肱三头肌力量。

读书笔记

读书笔记

要领：身体直立，两手持铃将杠铃翻起至胸部，然后立刻上推过头顶，再屈臂将杠铃放下置胸部，再上推过头顶，反复练习。也可用哑铃或壶铃练习。

（2）翻铃坐推（图 2–27）。

图 2–27　翻铃坐推

视频：翻铃坐推

图 2-27　翻铃坐推（续）

作用：主要发展三角肌群和斜方肌力量。

要领：两手正握杠铃于体前下胸部，两臂上举杠铃稍高于头，然后被动用力将杠铃下放于颈后，再将杠铃从颈后推起，过头顶后，然后被动用力将杠铃慢慢降至体前下胸部，与开始姿势相同，反复练习。也可采用多种握距进行练习。

（3）直臂前上举（图 2-28）。

图 2-28　直臂前上举

读书笔记

图 2-28 直臂前上举（续）

作用：主要发展三角肌前部、斜方肌、前锯肌、胸大肌力量。

要领：身体自然站立，保持平直，两臂下垂与肩同宽持铃，直臂向上举起哑铃。也可用杠铃或杠铃片进行练习；还可做仰卧直臂上举。

（4）持铃侧上举（图 2-29）。

图 2-29 持铃侧上举

图 2-29 持铃侧上举（续）

作用：主要发展三角肌前侧部及斜方肌、前锯肌力量。

要领：两脚分开，自然站立，两只手持哑铃（或杠铃片）置于肩部，上举过头后，两臂慢慢展开，掌心向下成侧平举。然后还原成原来姿势，反复练习。

读书笔记

读书笔记

（5）直臂侧上举（图 2–30）。

作用：主要发展三角肌、斜方肌、前锯肌力量。

要领：两脚自然分开，身体直立，两臂下垂持哑铃或杠铃片，做直臂侧上举。也可做侧卧直臂上举、坐姿侧上举。

图 2–30　直臂侧上举

（6）俯卧飞鸟（图 2-31）。

作用：主要发展三角肌后部及斜方肌、胸大肌、大圆肌力量。

要领：俯卧于练习凳上，两臂稍屈，向外侧举哑铃成飞鸟姿势，两臂还原时放松，反复练习。此动作也可采用直立飞鸟、仰卧飞鸟进行。还可用杠铃片进行练习。

图 2-31　俯卧飞鸟

读书笔记

（7）俯立臂平举（图 2-32）。

作用：主要发展三角肌、斜方肌、大圆肌的力量。

要领：上体前屈与地面平行，两臂下垂各执一哑铃，然后两臂向两侧举哑铃至最高点，稍停，再还原。

图 2-32　俯立臂平举

（8）持铃侧前平举（图 2–33）。

作用：主要发展三角肌群力量。

要领：两脚靠拢站立，双手持哑铃于大腿前，先向两侧同时举起哑铃，然后向前平举，还原至开始位置再重复。练习时，肘关节始终保持稍弯曲。

图 2–33　持铃侧前平举

读书笔记

读书笔记

图 2-33　持铃侧前平举（续）

（9）提肘拉（图 2-34）。

作用：主要发展斜方肌、三角肌及肱二头肌力量。

要领：身体直立，正握杠铃，然后提肘将杠铃贴身上拉至下颌，稍停，再还原。也可采用多种器械和握距进行。

图 2-34　提肘拉

图 2-34　提肘拉（续）

（10）推小车（图 2-35）。

作用：主要发展肩带肌群力量。

要领：练习者直臂俯撑，身体挺直，同伴握其双踝抬起他的身体，做快速用双手着地的向前爬行练习，行走 15 ～ 20 米为一组。也可攀台阶，攀台阶上 20 ～ 30 级为一组。

读书笔记

图 2-35　推小车

读书笔记

（四）背部力量训练

背部力量训练的目的是充分发展人体第二大肌肉——背阔肌（股四头肌最大），以及大圆肌、斜方肌、冈下肌、小圆肌、前锯肌、骶棘肌等肌群力量。在训练时要动作准确，并使肌肉充分收缩，从而使背部力量得到充分发展。

（1）高翻。

作用：主要发展背阔肌、斜方肌、骶棘肌力量。

要领：两脚站距约与肩同宽，双手正握杠铃，握距与肩同宽，挺胸别腰，将杠铃提起至大腿中下部迅速发力，翻举至胸部，还原后再反复练习。

（2）持铃耸肩（图 2-36）。

作用：主要发展斜方肌力量。

要领：身体直立，正握杠铃，然后以肩部斜方肌的收缩力，使两肩胛向上耸起（肩峰几乎触及耳朵），直至不能再高时为止，还原后再反复练习。

视频：持铃耸肩

图 2-36　持铃耸肩

图 2-36　持铃耸肩（续）

（3）俯立划船（图 2-37）。

读书笔记

图 2-37　俯立划船

读书笔记

图 2-37　俯立划船（续）

作用：主要发展背阔肌上部、中部及斜方肌、三角肌力量。

要领：上体前屈 90 度，抬头，正握杠铃。然后两臂从垂直姿势开始，屈臂将杠铃拉近小腹后还原，再重新开始。上拉时应注意肘靠近体侧，上体固定，不屈腕。为了减少腰部负担，也可将前额顶在山羊或鞍马上进行练习，还可采用各种握距练习，也可采用壶铃、哑铃、杠铃片等器械练习。

（4）俯卧上拉（图 2-38）。

图 2-38　俯卧上拉

图 2-38　俯卧上拉（续）

作用：主要发展背阔肌、斜方肌、三角肌力量。

要领：俯卧练习凳上，两臂悬空持哑铃，两臂同时将杠铃向上提起，稍停，再还原，反复练习。也可采用杠铃和壶铃练习。

读书笔记

（5）直腿硬拉（图 2-39）。

图 2-39　直腿硬拉

读书笔记

图 2-39　直腿硬拉（续）

作用：主要发展骶棘肌、背阔肌、斜方肌、臀大肌及股二头肌、半腱肌、半膜肌、大收肌等伸展躯干和伸髋的肌肉力量。

要领：两腿伸直，分开站立，上体前屈，挺胸紧腰，两臂伸直，用宽握距或窄握距握住杠铃，然后伸髋、展体将杠铃拉起至身体挺直，还原后重新开始。每组练习 2 ～ 5 次。上拉时应注意腰背肌群要收紧，杠铃靠近腿部。

（6）宽握距引体向上（图 2-40）。

图 2-40　宽握距引体向上

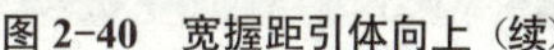

图 2-40　宽握距引体向上（续）

视频：直臂前下压

作用：主要发展背阔肌、肱二头肌、胸大肌力量。

要领：用宽握距正握（也可用反握）单杠，做引体向上。引体向上时下颚要高过横杠甚至把横杆拉至乳头线，才能最有效地发展背阔肌。上拉时不要摆动或蹬腿，脚上可系重物，反复练习。也可采用中握距引体向上。

（7）直臂前下压（图 2-41）。

图 2-41　直臂前下压

读书笔记

图 2-41　直臂前下压（续）

作用：主要发展背阔肌、三角肌后部及胸大肌力量。

要领：与“直臂前上举”相反，两臂前上举，握住拉力器，做直臂前下压动作，反复练习。

（8）双臂下拉（图 2-42）。

图 2-42　双臂下拉

图 2-42　双臂下拉（续）

作用：主要发展背阔肌力量。

要领：两只手以中等宽度握住拉力器把，坐在拉力器正下方，向下拉，使胸下部碰到拉力器把，同时挺胸。练习时上体不要后仰，还原后反复练习。

读书笔记

（五）腰部力量训练

（1）山羊挺身（图 2-43）。

图 2-43　山羊挺身

读书笔记

图 2-43　山羊挺身

作用：主要发展伸展躯干和伸髋的肌肉力量。

要领：俯卧在山羊（或鞍马）上，两脚固定在肋木间，两手置于胸前或颈后固定杠铃或杠铃片（力量较小者也可不负重），做体前屈与挺身起。前屈时慢些，挺起要充分，身体成反弓形。也可俯卧在长凳上，固定两腿做负重的（或不负重）俯卧挺身，或做两端都固定的俯卧挺身静力练习。

（2）负重弓身（图 2-44）。

图 2-44　负重弓身

图 2-44　负重弓身（续）

作用：主要发展骶棘肌、斜方肌、臀大肌、股二头肌、半腱肌、半膜肌、大收肌力量。

要领：两臂持杠铃于颈后，两腿开立约与肩同宽，身体直立，腰和腿收紧，上体慢慢前屈，臀部后移（像鞠躬动作），使上体成水平状态，然后向上挺直身体。可做直腿或屈腿弓身，也可坐在凳上做弓身。

（3）负重体侧屈（图 2-45）。

图 2-45　负重体侧屈

读书笔记

读书笔记

图 2-45 负重体侧屈（续）

作用：主要发展腹内外斜肌、腹直肌、骶棘肌、臀中肌等使躯干侧屈的肌肉力量。

要领：身体直立，两腿开立约与肩同宽，肩负杠铃做左右体侧屈。练习时速度不宜太快，反复练习。

（4）俯卧两头起（图 2-46）。

图 2-46 俯卧两头起

作用：主要发展伸展躯干和伸髋的肌肉力量。

要领：俯卧在垫子或长凳上，两臂前伸，两腿并拢伸直。两臂和两腿同时向上抬起，腹部与垫子成背弓，然后积极还原，连续练习，每组为15～20次。

（六）胸部力量训练

发展胸部力量的方法很多，有徒手练习，也有用杠铃、哑铃、拉力器等器械训练。需要注意的是，所有上体高于下肢的斜板卧推和飞鸟动作有助于发展胸大肌上部力量；而下肢高于上体的斜板卧推和飞鸟动作有助于发展胸大肌下部力量。平卧做卧推时，其效果取决于杠铃推起和放下的位置。如杠铃靠近颈部，发展的是胸大肌上部力量；如杠铃放近乳头线，发展的是胸大肌中部力量。交叉拉力器练习也是如此，两只手相交位置高，发展胸大肌上部力量；反之则发展下部力量。

（1）颈上卧推（图2-47）。

作用：主要发展胸大肌上部、肱三头肌以及三角肌力量。

要领：仰卧于卧推架上，可采用宽、中、窄三种握距，手持杠铃或哑铃，先屈臂将其放于颈根部，两肘尽量外展，将杠铃推起至两臂完全伸直，反复进行。

读书笔记

图2-47　颈上卧推

读书笔记

图 2-47 颈上卧推（续）

（2）斜板卧推（图 2-48）。

图 2-48 斜板卧推

图 2-48　斜板卧推（续）

作用：主要发展胸大肌下部、肱三头肌和三角肌力量。

要领：宽握杠铃仰卧于斜板上，脚高于头，朝着胸中部慢慢放下杠铃，肘关节外展与身体成 90 度。然后迅速用力向上举起杠铃，再以稳定节奏反复练习。此动作也可用哑铃练习。

（3）仰卧扩胸（飞鸟）(图 2-49)。

图 2-49　仰卧扩胸（飞鸟）

读书笔记

图 2-49　仰卧扩胸（飞鸟）(续)

作用：主要发展胸大肌、三角肌、前锯肌力量。

要领：仰卧在练习凳上，两只手各执一哑铃做向身体两侧放低与上举动作。放低时可稍屈肘，充分扩胸；上举时臂伸直。可采用不同斜度练习，也可用杠铃片做此动作。

（4）直臂扩胸（图 2-50）。

图 2-50　直臂扩胸

图 2-50　直臂扩胸（续）

视频：直臂侧下压

作用：向前主要发展胸大肌、三角肌前部、前锯肌力量；向后主要发展背阔肌、三角肌后部、斜方肌力量。

要领：身体直立，两只手各持一个哑铃或杠铃片，先直臂向胸前与肩关节成水平位置举起，然后直臂向两侧充分扩胸，还原后反复练习。

读书笔记

（5）直臂侧下压（图 2-51）。

图 2-51　直臂侧下压

读书笔记

图 2-51　直臂侧下压（续）

作用：主要发展胸大肌、背阔肌力量。

要领：两臂侧上举各握住一拉力器，然后用胸大肌和背阔肌力量做直臂侧下压，反复练习。也可做侧卧直臂下压。

（6）双杠臂屈伸（图 2-52）。

图 2-52　双杠臂屈伸

图 2-52 双杠臂屈伸（续）

作用：主要发展胸大肌下部、外部肌肉，以及肱三头肌、三角肌、前锯肌力量。

要领：脸朝下，收紧下颌，弓背，脚尖向前，眼视脚尖。两只手宽握双杠，屈臂使身体下降，然后再伸臂将身体撑起。屈臂时尽可能使身体降低一些，不要借力，反复进行。此动作也可脚上系重物或穿沙背心练习。

读书笔记

（7）俯卧撑（图 2-53）。

图 2-53 俯卧撑

读书笔记

图 2-53 俯卧撑（续）

作用：主要发展胸大肌、肱三头肌、三角肌及前锯肌力量。

要领：俯撑在垫子上或俯卧架上，两臂间隔与肩同宽，然后屈臂将身体下降至最低限度，再伸直两臂将身体撑起。伸臂时两肘夹紧，身体始终挺直。可用头高脚低、脚高头低或背上负重三种姿势进行。两只手可用宽、中、窄三种距离支撑。

（七）腹部力量训练

腹部力量训练的重点是发展腹外斜肌、腹内斜肌、腹直肌、髂腰肌力量。腹肌收缩主要是用来缩短骨盆底部至胸骨间的距离。这种收缩动作在幅度充分的仰卧起坐或仰卧举腿中，只占很小一部分。因此，半仰卧起坐(即上体抬起幅度为全幅度的四分之一或一半）等动作是比较好的发展腹部力量的方法。

（1）仰卧起坐（图 2-4）。

作用：主要发展腹直肌、髂腰肌力量。

要领：仰卧在仰卧垫上或斜板上，两脚固定，两手抱头，然后屈上体坐起，再还原，反复进行。也可两手于颈后持杠铃片或其他重物负重练习。

（2）半仰卧起坐（图 2-54）。

作用：主要发展腹直肌上部力量。

要领 : 平躺地上或练习凳上，两手置于头后或持杠铃片，两脚固定。上体向前上方卷起，同进两膝逐步弯曲。练习时注意背下部和腹部不能因上体抬起而离开地面或练习凳。用力吸气，放松呼气，收缩时停两秒。也可将负重物放在胸前上部进行练习。

图 2-54　半仰卧起坐

视频：蛙式仰卧起坐

（3）蛙式仰卧起坐（图 2-55）。

读书笔记

作用：主要发展腹直肌力量。

要领：仰卧在垫子上，两脚掌靠拢，两膝分开，两只手置于头后，向上抬头，使腹肌处于紧张收缩状态，两秒钟后还原重新练习。

图 2-55　蛙式仰卧起坐

△△△读书笔记

图 2-55　蛙式仰卧起坐（续）

（4）仰卧举腿（图 2-56）。

作用：主要发展腹直肌、髂腰肌力量。

要领：卧仰在垫子或斜板上，两只手置于身体两侧，然后两腿伸直或稍屈向上举至垂直。

图 2-56　仰卧举腿

图 2-56　仰卧举腿（续）

（5）仰卧侧提腿（图 2-57）。

作用：主要发展腹内、外斜肌力量。

要领：仰卧在垫子上，然后侧提在膝碰右肘，触肘后停两秒，然后侧提右膝碰左肘，反复练习。

读书笔记

图 2-57　仰卧侧提腿

读书笔记

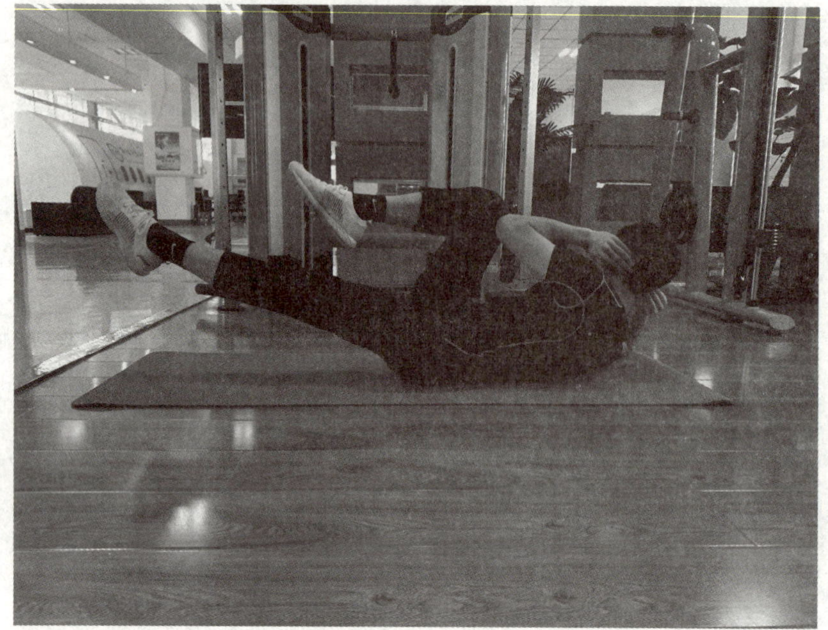

图 2–57　仰卧侧提腿（续）

（6）屈膝举腿（图 2–58）。

作用：主要发展腹直肌下部力量。

要领：仰卧在垫子上，屈膝，两掌心朝下放在臀侧。然后朝胸的方向举腿。直到两膝收至胸上方，还原后重新开始。

图 2–58　屈膝举腿

图 2-58　屈膝举腿（续）

（7）仰卧两头起（图 2-59）。

作用：主要发展腹直肌、髂腰肌力量。

要领：仰卧在垫子上，身体保持挺直，两臂和两腿同时上举至体前上方，手触脚背后还原，连续做 15 ～ 20 次为一组。还可以增加难度，腿部和背部下放时不触碰垫子，距垫子 10 厘米开始第二次练习。

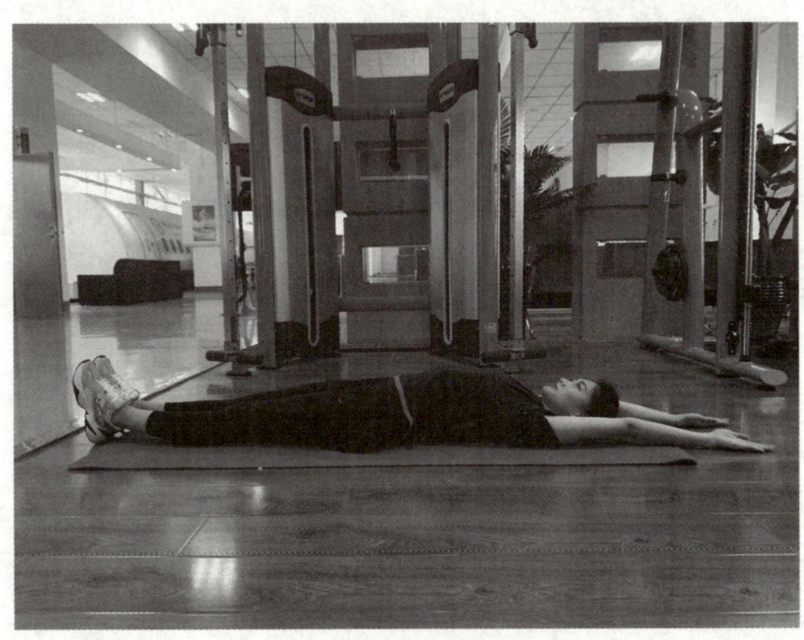

图 2-59　仰卧两头起

读书笔记

图 2-59 仰卧两头起（续）

（8）元宝收腹（图 2-60）。

作用：主要发展腹直肌力量。

要领：两只手置于脑后，平躺在地上或垫子上，上体卷起时，两膝收至髋部上方。上体卷起和收膝同时进行，直到两肘碰到两膝为止，稍停两秒，反复练习。

图 2-60 元宝收腹

图 2-60　元宝收腹（续）

（9）元宝收腹静力（图 2-61）。

作用：基本同“元宝收腹”。

要领：仰卧收腹，收腿的同时两臂前举放置于身体两侧，成元宝收腹姿势，保持静止 30 ～ 60 秒。

读书笔记

图 2-61　元宝收腹静力

读书笔记

(八)腿部力量训练

(1)颈后深蹲(图 2-62)。

图 2-62　颈后深蹲

作用:除主要发展股四头肌、股二头肌、臀大肌力量外,还能有效地发展伸髋肌群力量。

要领:上体正直,挺胸别腰,抬头,两手握杠将杠铃放置颈后肩上。做动作时保持腰背挺直,抬头收腹,平稳屈膝下蹲。根据不同的任务和要求，可采用不同的站距（宽、中、窄）和不同的速度（快速、中速、慢速、反弹）来做。下蹲或起立时膝与脚尖方向应一致。

（2）胸前深蹲（图 2-63）。

图 2-63　胸前深蹲

作用：基本同“颈后深蹲”，但前蹲由于胸部所受的压力较大，参与完成伸膝、屈足肌群工作的阻力矩大，因此能更有效地发展伸膝肌群和躯干伸肌的力量。

要领：上体正直，挺胸别腰，抬头，两只手握杠将杠铃放置两肩胛和

读书笔记

锁骨上，平稳屈膝下蹲。其余要领同“颈后深蹲”。

（3）半蹲（图 2-64）。

图 2-64　半蹲

作用：发展伸膝肌群力量与躯干支撑力量，特别是股四头肌的外侧肌、内侧肌，股后肌群和小腿三头肌。

要领：正握杠铃于颈后肩上，挺胸别腰，屈膝下蹲近水平位置时，随即伸腿起立。其余要领同“颈后深蹲”。此练习也可采用坐蹲进行。

（4）颈后半静蹲（图 2-65）。

图 2-65　颈后半静蹲

作用：主要发展伸膝肌群力量和躯干支撑力量。

要领：颈后半静蹲或胸前持铃屈膝下蹲至大腿水平部位，保持这个姿势不动，或做好半蹲姿势对抗不动物体，静止 6 ～ 12 秒。也可以根据动作结构和需要，用不同角度来做。

读书笔记

（5）练习架举腿（图 2-66）。

图 2-66　练习架举腿

读书笔记

图 2-66　练习架举腿（续）

作用：主要发展股四头肌、臀大肌、股二头肌、半腱肌、半膜肌、大收肌、小腿三头肌、屈足肌群力量。

要领：仰卧于升降练习架下，两腿蹬住练习架做腿屈伸动作。练习时可采用不同的速度（快、中、慢）和两腿间距（可膝脚靠拢，也可分开）进行。

（6）屈小腿（图 2-67）。

图 2-67　屈小腿

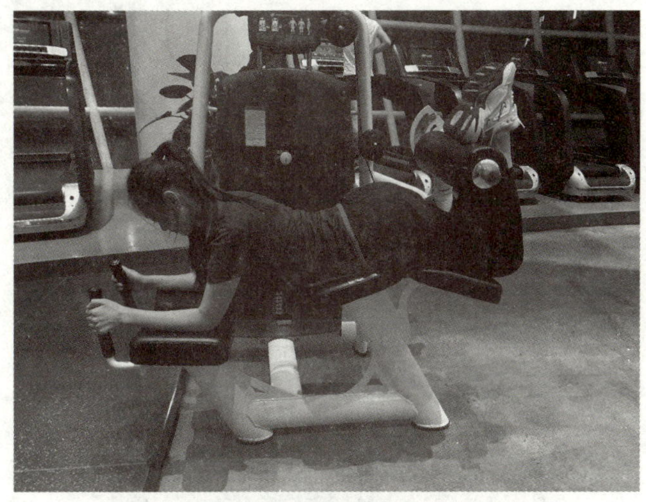

图 2-67　屈小腿（续）

作用：主要发展股二头肌、半腱肌、半膜肌、小腿三头肌力量。

要领：俯卧在屈膝练习器上，两腿跟钩住圆柱垫子，脚跟靠拢，两脚用力将负重拉起，使圆柱垫子碰到臀部。在将负重拉起的同时俯卧撑起，则主要发展股二头肌上部力量。当开始牵拉负重时，上体由原来的俯卧撑姿势向下变为平卧在练习器上，则主要发展股二头肌中部肌肉。另外，此练习也可在小腿捆上沙护腿或足穿铁鞋，做原地屈小腿动作；还可俯卧练习凳上做加阻力（如将固定于肋木上的橡皮筋一端置于小腿踝关节处）的屈小腿动作，或进行双人对抗的屈小腿练习。

读书笔记

（7）内收大腿（图 2-68）。

图 2-68　内收大腿

读书笔记

图 2-68　内收大腿（续）

作用：主要发展缝匠肌力量。

要领：坐在器械凳子上，身体挺直，脚踏踏板，双手握住座椅两侧的手柄。双腿用力向内夹紧，直到相互接触。然后双腿在重量的拉动下自然外展。双腿外展打开后不要停顿，立即开始并拢双腿，进行下次动作。

（8）负重登台阶（图 2-69）。

图 2-69　负重登台阶

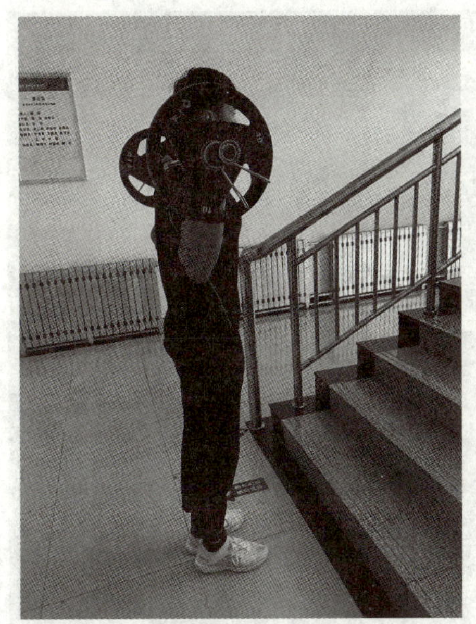

图 2-69 负重登台阶（续）

作用：主要发展伸膝、屈足肌群力量。

要领：肩负杠铃，左腿屈膝踏在高 30 ～ 50 厘米的台阶上，右脚支撑于地面，左腿迅速蹬直。与此同时，右脚提起踏上台阶。还原后反复练习。两脚交换练习。也可踝关节缚橡皮带做登台阶练习。

读书笔记

（9）负重蹲跳（图 2-70）。

图 2-70 负重蹲跳

读书笔记

图 2-70 负重蹲跳（续）

作用：主要发展伸大腿和屈足肌群力量，对提高弹跳力效果较好。

要领：肩负杠铃，屈膝半蹲后，迅速伸髋、蹬腿，展体起踵做起跳动作。起跳时杠铃固定，保持挺胸、紧腰、抬头、直体，落地时屈膝缓冲。也可使用壶铃，两脚并立与肩同宽，屈膝直臂持壶铃做蹲跳动作（最好两足垫高）。

（10）负重提踵（图 2-71）。

图 2-71　负重提踵

视频：负重提踵

读书笔记

作用：主要发展小腿三头肌及屈足肌群力量。

要领：身体直立，颈后负杠铃或练习架，两脚站在垫木或平地上，用力起踵，稍停再还原反复练习。

读书笔记

（11）蛙跳。

作用：主要发展下肢爆发力及协调用力能力。

要领：身穿沙背心，带沙护腿（也可不负重），全蹲。两脚蹬地，腿蹬直向前上方跳起，腾空后挺胸收腹，快速屈腿前摆，双脚掌落地后不停顿地连续做，每组为 6 ～ 10 次。动作中要求快速起跳，身体充分伸展开，可先不要求远度，逐渐增加远度要求。

（12）跳台阶（图 2–72）。

图 2–72　跳台阶

作用：主要发展伸膝、屈足肌群力量及弹跳力。

要领：面向台阶，屈膝摆臂，用力蹬地收腹跳上 3 ～ 4 级台阶，反复练习。也可在楼梯上做此练习。

任务实施

力量训练比赛

活动形式：小组展现各部位的力量。

活动目的：培养学生敢于表现、善于表现的能力，树立协作精神，让学生在练习中巩固所学习的知识，真正掌握身体各部位力量训练的方法。

活动步骤：

（1）根据班级人数将班级分为若干组，每组 8 人左右为宜，选定一人为组长。

（2）组长组织小组成员进行力量训练，然后每组推选出四名成员参加比赛，其中两名负责做动作，另外两名负责解说动作的要领及主要锻炼身体的具体部位；每组选一名记分员（本组记分员不记录本组得分）。

（3）以抽签的形式来决定每个小组需要展现的动作，然后请参赛同学轮流展示。注意每组至少做三个部位的力量训练动作。

（4）老师对每个小组成员代表的表现作出评价，并进行打分。

（5）老师做总结性发言。

任务检测

力量训练比赛评分表见表 2-4。

表 2-4　力量训练比赛评分表

评分标准	上肢	前臂	肩部	背部	腰部	胸部	腹部	腿部
动作解说								
准备姿势								
动作演示								
总分								
注：优秀为 8 ～ 10 分，良好为 5 ～ 7 分，不及格为 1 ～ 4 分								

读书笔记

知识拓展

睡眠的重要性

作为一个初练者，不要在一周内进行多于四次的大强度训练，同一个训练日，相同的肌肉组织不要多次剧烈训练。若在之前的训练中出现疼痛，在后面的训练中就不要勉强。每天保持至少8小时的睡眠，因为足够的睡眠会使精力和身体得到恢复。

睡眠就像新鲜空气一样，它的好处我们平时察觉不到，但总是在失去时才会体现出来。相信大家都体会过在一两天没睡好后身体的各种不适。睡眠对于日常生活不可或缺，对于运动健身更是必不可少。

一、睡眠不佳的不良影响

1. 分解肌肉，保留脂肪

睡眠不佳导致身体分泌糖皮质激素，让身体处于一种应激状态。糖皮质激素告诉身体分解肌肉，保留脂肪，这本来是人类在远古时代对于危险环境的一种反应，保留脂肪的目的是节省能量有助于长期生存，但这种应激反应恰恰与很多人健身塑形的目标背道而驰。可以说，压力或应激反应是保持好体型的头号天敌。

2. 暴饮暴食

人在应激状态下的另一个反应是暴饮暴食。其原理与女性在月经前期食欲增加（特别是对甜食）有类似之处。进食是很好的缓解压力的方法之一。睡眠不佳、压力增加导致的暴饮暴食原理与上面提到的一样，目的是储备能量，保持生存。当然，这与减肥瘦身的目的又是恰恰相反。很多人平时饮食控制得不好，很多时候并不是饮食的错，试试看改善睡眠，缓解压力，会有意想不到的效果。

3. 影响训练

有时候经过一夜好的睡眠，会感觉精力充沛。但是一夜没睡好，心情会觉得很坏。很多时候，因为没睡好，第二天本来计划好的训练就放弃了，即使去运动了，也不在状态，效果不佳。

4. 恢复缓慢

睡眠时生长激素的分泌大约是清醒时的三倍。生长激素的主

要作用有促进组织修复和燃烧脂肪。无论是想长高、美颜，还是减肥，生长激素都是有效的天然补剂。睡眠不佳的直接后果是身体恢复减慢，燃脂速度减慢。

二、如何改善睡眠

1．运动

运动不但有助于缓解压力，还能造成体力疲劳，是天然的安眠药。运动不一定要多激烈，也不一定要去健身房。很多时候哪怕走路也会有很好的效果。

2．避免睡前剧烈运动

运动安排在白天进行。由于各种原因或个人习惯，运动安排在晚上也可以，但是不要在睡前两小时内剧烈运动，以免诱导肾上腺素分泌导致大脑太兴奋，睡不着。看过一场激烈球赛或恐怖片后很难入睡的经历相信很多人都有体会。

3．下午两点以后避免饮用含有咖啡因的饮料

运动前饮用黑咖啡、茶等含咖啡因的饮料会产生兴奋作用，有助于提高运动表现。但是如果摄入咖啡因饮料的时间距离睡觉时间太近，睡眠会受到影响。咖啡因在人体内代谢需要一定的时间，如果对咖啡因比较敏感，尽量避免在下午两点后饮用含有咖啡因的饮料。

4．营造良好的睡眠环境

日出而作，日落而息，这也许是比较健康的作息时间表。当然，现代社会，很少有人能做到日落而息，但是仍然可以营造一个有助于睡眠的环境。

睡前一小时关掉电视，调暗灯光，有助于诱导进入睡眠状态。无论方法是什么，都可以为自己营造一个有助于睡眠的环境。

5．关掉手机

手机也许是很多人睡眠不佳的主要原因之一。如果每天晚上玩手机睡得晚或睡不着，不妨关机并把手机放到其他房间试试。

读书笔记

一、简答题

1. 什么是力量素质?

2. 力量素质训练有哪些基本手段?

二、思考题

1. 结合实践体会，分析发展力量素质为什么要科学地、系统地安排。

2. 结合实践和学习的理解，简述发展力量素质的练习方法。

项目三

耐力素质训练

1. 了解耐力素质的概念及其训练意义。
2. 掌握有氧耐力训练的方法。
3. 掌握无氧耐力训练的方法。
4. 锤炼意志，培养坚强的意志品质。

情境描述

“气候变坏，飞机只能备降在某机场，所有机组人员及乘客需在此地过夜，第二天再飞往目的地。”作为民航服务人员，时常会面对一些特殊情况，在这种情况下依然要为乘客做好服务工作，这对自己的耐力是一种极端考验。本项目主要介绍民航服务人员的耐力素质训练的相关知识。

任务一　学习耐力素质训练的基础理论知识

新知导入

在日常工作和生活中，随着某一活动的长时间进行，人的身体会出现疲劳，那么，如何延迟疲劳出现的时间，提高工作效率，就是接下来要学习的耐力素质。

知识解答

一、耐力素质的概念

耐力素质是指人体在长时间进行工作或运动中克服疲劳的能力。它也是反映人体健康水平或体质强弱的一个重要标志。

二、耐力素质的分类

耐力素质按人体的生理系统，可分为肌肉耐力和心血管耐力。肌肉耐力也称为力量耐力，是指人体长时间进行持续肌肉工作的能力，即对抗疲劳的能力；心血管耐力又可分为有氧耐力和无氧耐力。其中，有氧耐力是指长时间进行有氧功能的工作能力；无氧耐力是指在缺氧状态下，长时间对肌肉收缩供能的工作能力。

三、耐力素质训练的意义

耐力素质是人体的基本身体素质之一。耐力素质在超长跑、中长跑、长距离游泳、自行车、滑冰、滑雪、划船等周期性运动项目中的意义是不言而喻的。耐力素质对很多非周期性的工作也有重要的意义。

（1）耐力训练提高运动员的呼吸系统、血液循环系统的功能，从而提高抗疲劳的能力。抗疲劳能力越强，有机体保持持久的高水平运动的能力

读书笔记

越强，这对保持高效率工作无疑是有利的。

（2）通过耐力训练，呼吸及心血管系统机能得到发展，血氧供应充分，必定使机体能量物质的储备增多，使有关生理、生化功能提高，这能促进及加速训练后消除疲劳的过程。机体快速恢复可以使训练间歇缩短，增加重复次数，有利于完成大强度大运动量的训练任务。

（3）经过合理的耐力训练，运动员提高了抗疲劳及疲劳后机体快速恢复的能力，使大脑皮层中兴奋过程与抑制过程有节奏的交替能力也很快恢复与提高，再加上有充足的能量物质的供应，这都成为其他素质（力量、速度、灵敏等）发展的物质基础，促进其他素质的发展。

（4）耐力训练还可以培养运动员坚毅、顽强、勇于克服困难的意志品质，这对运动员的心理素质的培养及技术、战术的发挥很重要。

随着社会的进步，飞机出行变得普遍，民航服务人员的工作强度逐渐增大，所以说如果没有良好的耐力素质，无论在体力上、心理上以及工作状态上，都很难适应当今民航的工作需要。因此，目前对耐力素质训练的认识应提高到一个新的地位。

四、耐力素质的练习方法

耐力素质的练习方法较多，而且各种方法都有其各自的特点。总的来说，这些特点基本上又体现在耐力素质练习过程中，体现在练习强度、持续时间、间歇时间与方式、重复次数等因素的组合与变化上。目前，常用的耐力练习方法主要有持续练习法、重复练习法、间歇练习法、变换练习法、游戏与比赛练习法、高原训练法、循环练习法。

（一）持续练习法

持续练习法是指在练习过程中每次或每组之间没有间歇的练习方法。持续练习法由于持续时间较长，又没有明显的间歇，所以总的练习负荷量较大。但是练习时的强度较小，而且比较恒定，变化不大，一般在 60% 的强度上下波动。练习对机体产生积累性的刺激比较和缓。持续练习时，内部负荷心率一般控制在 140 ～ 160 次 / 分钟为宜，优秀运动员可达 160 ～ 170 次 / 分钟。构成持续练习法的基本要素是重复练习的方式、时间与强度，在方式固定的情况下，练习的时间与强度可作相应调整，如练习强度大，时间可缩短；如练习强度小，则适当延长练习时间。

（二）重复练习法

重复练习法是指不改变动作结构和外部负荷表面数据，在相对固定的条件下，按照既定间歇要求，在机体完全恢复的情况下反复进行练习的方法。重复练习法使能量物质的代谢活动得到加强，并产生超量补偿与积累，有利于发展有氧耐力。根据具体任务、目的而定，重复练习每次的负荷量与强度可大可小。由于每次练习前均需恢复到原来开始练习的水平，即心率在 100～120 次 / 分钟，故每次练习可以保证强度在中等偏大或极限强度（90%～100%）范围内，从而使有机体的耐力水平得到有效的提高。如长时间的重复练习，强度稍大于持续练习法，有利于有氧耐力的提高，而强度在 90% 以上的练习，则有利于无氧耐力的发展。

（三）间歇练习法

间歇练习法是指在一次（或一组）练习之后，按照严格规定的间歇负荷和积极性间歇方式，在机体未完全恢复的情况下从事下一次（或一组）练习的方法。间歇练习法与重复练习法较相似，主要区别在于间歇上的不同要求。重复练习法的间歇是采用完全恢复的间歇负荷和无严格规定的间歇方式（多以消极性的静息为主）进行的；而间歇练习法则是以未完全恢复的间歇负荷和积极性的间歇方式进行的。运动员总是在未完全恢复的状态下进行下一次练习，有明显增加的疲劳，对机体的刺激强度较大，间歇练习法间歇后心率一般在 120 次 / 分钟以上，明显高于重复练习法，但其练习强度因间歇负荷水平较高而无法达到重复练习法的水平。练习时一般心率在 170～180 次 / 分钟，负荷强度为 70%～80%，有利于提高机体的心肺功能和无氧代谢能力。

间歇练习法的持续时间与练习强度之间形成一种对应关系，强度大、时间少；强度小、时间稍长。据此，间歇练习法可分为“低强度间歇练习法”和“高强度间歇练习法”。

（1）低强度间歇练习法也称非强化间歇练习法，其负荷在周期性项目中，一般为本人最大强度的 60%～80%，在非周期性项目中为 50%～60%，负荷持续时间为 45～90 秒，此方法有助于发展有氧混合代谢能力和专项能力。

（2）高强度间歇练习法也称强化间歇训练法，其负荷强度在周期性项目中一般为本人最大强度的 80%～90%，在非周期性项目中为

读书笔记

70% ～ 80%，每次练习的时间因强度较大而相对较短，为 15 秒到 1 分钟。这种方法对发展速度耐力和专项耐力均有较大作用。在周期性项目中运用时，可用小段落和短间歇的方式进行安排，这有助于提高机体无氧非乳酸代谢能力。

在练习时要严格掌握间歇时间和间歇方式。当心率降低到 120 ～ 140 次 / 分钟时，必须及时让运动员进入下一次练习，心率处于不低于 140 次 / 分钟，心脏每搏输出量和耗氧量达最大值，最有利于提高心肺功能。心率降到 120 ～ 140 次 / 分钟的时间，一般占练习后完全恢复时间的一半不到。如练习后完全恢复的时间为 3 分钟，那么未完全恢复的时间在 1 分钟之内。至于积极性的间歇方式，可采用走、慢跑、活动性体操等形式，采用积极性的休息方式能对肌肉中的毛细血管起到“按摩作用”，使血液尽快回流心脏，再重新分配到全身，由此迅速排除机体中堆积的酸性代谢产物，以利于下一次练习。

构成间歇练习法的基本要素有练习的数量、强度、间歇的时间与方式、重复次数等。不同的练习目的对这些练习的组合变化要求也不同。如以周期性项目中跑的练习为例，发展一般耐力时，每次练习的距离要长，组数要多，中小强度；发展力量耐力时，负重量较轻，中等强度，练习次数和组数较多。又如可在练习中提高每次练习的强度（适用于周期性短跑项目和举重项目），增加重复练习的次数（适用于周期性长跑项目和举重项目）和调整间歇时间等基本要素，加大对运动员机体的刺激，贯彻超量负荷原理，从而提高有机体的机能能力。

（四）变换练习法

变换练习法是在变化各种因素的条件下反复进行练习的方法。由于耐力练习比较枯燥，采用变换练习法可以在一定程度上提高运动员的练习兴趣和积极性，从而提高练习的效果。

变换练习法所变换的因素一般有练习的形式、练习的时间、练习的次数、练习的条件、间歇的时间与方式、负荷等。以上因素只要改变其中一个因素，就会由于这一因素的变化对运动员机体造成负荷刺激的变化。因而，变换练习法的核心是变换运动负荷。

“法特莱克法”是变换练习的一种特殊形式，也可以理解为是一种由持续练习法和变换练习法综合而成的组合练习法。其特点是在各种变换的外界自然环境条件下进行持续、变速跑的练习，时间长达 1 ～ 2 小时，强度自我调节，有节奏的变化。如在草地、树林、小丘、小径等自然环境条

件下，将快慢间歇跑、重复跑、加速跑和走等方法不规则地混合起来练习，跑的距离可为 5 ～ 15 千米。法特莱克练习对练习的过程没有明确的限制，运动员可自由选择地形、确定速度和路线。因此，这种方法能使耐力练习变得较为生动，使得运动员在练习中能主动投入，积极进取，有利于发展一般耐力。

变换练习法可以提高练习的兴趣和积极性，在运用时要注意贯彻循序渐进原则，各种因素的变换一开始不能太突然，以免机体不能适应，造成受伤。

（五）游戏与比赛练习法

游戏与比赛练习法是指运用游戏与比赛的方式进行练习的方法。这种方法能较快地提高运动员练习的兴趣和积极性，并在练习中充分发挥主动精神，使机体能够承受较大强度的负荷，有利于提高有氧耐力和无氧耐力。

游戏法与比赛法是两种紧密联系的练习方法。比赛法是从游戏法发展而来的，但练习强度大于游戏法。发展耐力素质的游戏法有球类游戏和田径游戏，常用的比赛法有训练课中安排的练习赛和对抗性练习等。无论是游戏法还是比赛法，都容易激发运动员的练习热情，以至难以控制自己。因此，采用游戏与比赛练习法时，应控制运动员的热情，掌握好运动负荷，以免因过于兴奋和体力消耗过大而造成有机体损伤或机体工作能力下降。

（六）高原训练法

高原训练法主要利用高原空气稀薄的特点，在缺氧情况下进行训练。这有利于刺激机体，改善呼吸及循环系统的机能，提高最大吸氧能力，刺激造血功能，增加循环血中红细胞和血红蛋白的数量，提高输氧能力。因而，高原训练具有提高运动员对氧债的承受能力，进而提高有氧耐力和无氧耐力的水平。

（七）循环练习法

循环练习法的各种内容及编排，必须根据专项特点的要求进行选择和设计，同时，应根据“渐进负荷”或“递增负荷”的原则安排练习。

以上所介绍的耐力练习方法基本上是单一类型的。在实际发展耐力素质的练习过程中，往往还要采用综合练习法，即组合练习法和循环练习

读书笔记

法。通过各种方法的综合排列，使得练习过程变化更大，更具有选择性，从而有效提高耐力水平。

任务实施

耐力素质基础知识抢答赛

活动形式：以小组为单位进行知识抢答比赛。

活动目的：培养学生自主学习、善于思考的能力，树立协作精神，锻炼学生的语言表达和思维逻辑能力，在探索和回答问题的过程中了解耐力素质训练的基础知识。

活动步骤：

（1）将班级同学分成若干小组，每组6～8人为宜，设组长一名。

（2）老师介绍抢答赛的规则要求：①依据老师提出的问题，组长协调组员分工搜索问题的答案，并进行汇总整理；②各小组选定一名同学负责抢答；③回答问题的小组答完以后其他小组可以进行补充，补充正确加1分。

（3）老师提出本场抢答赛的问题：①什么是耐力素质？耐力可分为哪几种？②进行耐力训练有什么意义？③耐力素质训练的方法有哪些？

（4）小组抢答：规定10分钟左右的时间进行准备，到时间后老师组织抢答。

（5）老师对每个小组的表现作出评价，并进行打分。

（6）老师做总结性发言，根据问题做详细的解答。

任务检测

小组得分表见表3-1。

表3-1　小组得分表

评分标准	正确全面（3分）	正确不全面（2分）	不正确（0分）	补充问题（1分）
问题一				
问题二				
问题三				
总分				

知识拓展

运动劳损不可忽视

当运动员长期重复一种训练时，就会出现劳损。尤其是青少年处于身体快速发育阶段，出现劳损的情况更为严重。在训练中很多情况会导致劳损，如因跑鞋不合脚而产生脚后跟水泡是劳损；脚与硬路面的持续触碰可产生足够大的应力，由此导致的应力性骨折也是劳损，这种情况与将金属衣架反复向同一方向弯折后会出现裂缝并最终发生断裂是相似的。由于耐力训练要花费很多时间，因此，劳损是一个很现实的问题。所以，保持身体良好的营养状况，科学进行训练是必不可少的。

在训练过程中，能保持碳水化合物和液体水平的运动员往往拥有更好的大脑功能，具体表现为跑姿平稳且不易受伤。如果运动员体内的碳水化合物或液体含量不足则容易引起大脑功能下降，导致机体的组织协调能力下降，组织器官的应激能力下降，并最终引起损伤。

读书笔记

读书笔记

任务二　掌握有氧耐力训练的方法

新知导入

有氧耐力是一般耐力的基础，运动员有氧耐力的发展水平主要取决于三个方面的因素，即运动所必需的能源物质的储存，为肌肉工作不断提供ATP所必需的有氧代谢能力及肌肉、关节、韧带等支撑运动器官承受长时间耐力工作的能力。因此，通过提高运动员的摄氧、输氧和用氧能力，保持体内适宜的糖原和脂肪的含量，以及提高肌肉、关节、韧带等支撑运动器官承受长时间负荷的能力，是发展有氧耐力的基本途径。

知识解答

发展有氧耐力的具体方法如下：

（1）定时跑：在场地、公路或树林中做10～20分钟或更长时间的定时跑，强度为50%～55%，如图3-1所示。

图3-1　定时跑（公路）

（2）定时定距跑：在场地或公路上做定时跑后固定距离的练习，如要求在 14 ～ 20 分钟内跑 3 600 ～ 4 600 米，强度为 50% ～ 60%。

（3）变速跑：在场地上进行，快跑段、慢跑段距离应根据专项任务与要求决定。一般以心率控制，快跑段心率控制在 140 次 / 分钟左右，慢跑段心率恢复到 120 次 / 分钟以下，间歇时心率恢复到 100 次 / 分钟以下时，开始下一组练习。

（4）重复跑：在跑道上进行，重复跑的距离、次数与强度也应根据专项任务与要求而定。发展有氧耐力重复跑强度不应过大，跑距应较长些。一般重复跑距为 600 米、800 米、1 000 米、1 200 米等，重复次数一般为 4 ～ 10 次，强度为 50% ～ 60%。

（5）越野跑：在公路、树林、草地、山坡等场地进行。跑的距离要求一般在 4 000 米以上，远距离可达 10 000 ～ 20 000 米。如果以时间计算，一般在 20 分钟以上，远距离可达 1 小时以上，强度为 40% ～ 50%。

（6）法特莱克跑：在塑胶场地、田野或公路上进行自由变速的越野跑或越野性游戏。有条件可以选择公园或树林，持续时间约为 30 分钟，也可以更长时间，强度为 50% 左右，如图 3-2 所示。

读书笔记

图 3-2　法特莱克跑（塑胶场地）

（7）定时走：在场地、公路或其他自然环境中按规定时间做自然走或稍快些自然走。一般走 30 分钟左右，强度为 40% ～ 50%。

读书笔记

（8）大步走、交叉步走或竞走：在场地、公路或其他自然环境中做大步快走、交叉步走或几种走交替进行。每组 1 000 米左右，做 4 ～ 6 组，间歇时间为 3 ～ 4 分钟，强度为 40% ～ 50%。

（9）沙地连续走或负重走：海滩沙地徒手快走或负重（扛杠铃或背人）走，徒手快走每组 400 ～ 800 米，负重走每组 200 米，做 5 ～ 7 组，间歇时间为 3 分钟，强度为 45% ～ 60%，心率控制在 160 次 / 分钟以下。

（10）沙地竞走：海滩沙地上竞走练习，每组 500 ～ 1 000 米，做 4 ～ 5 组，间歇时间为 3 分钟，强度为 55% ～ 60%

（11）竞走追逐：在跑道上，两人前后相距 10 米，听口令开始竞走，后者追赶前者，每组 400 ～ 600 米，做 4 ～ 6 组，强度为 50% ～ 60%。竞走追逐必须按竞走技术标准的要求进行，不能犯规，每组结束后放松慢跑 2 分钟。

（12）5 分钟运球跑：在篮球场内，单手或双手交替运球跑 5 分钟，做 3 ～ 5 次，间歇时间为 2 分钟，强度为 45% ～ 60%。要求不间断进行，或要求一定距离。

（13）10 分钟带球跑：在足球场内不限区域，中速带球运球跑 10 分钟，做 2 ～ 3 组，组间歇时间为 5 分钟，强度为 40% ～ 50%。要求不间断跑动，不能静止运球。

（14）3 分钟以上跳绳或跳绳跑：在跑道上做两臂正摇原地跳绳 3 分钟或跳绳跑 2 分钟，做 4 ～ 6 次，间歇时间为 5 分钟，强度为 45% ～ 60%。要求每次结束时，心率为 140 ～ 150 次 / 分钟，恢复至 120 次 / 分钟以下开始下一次练习。

（15）登山游戏或比赛：在山脚下听口令起动，规定山上终点的标记，可以自选路线登山或按规定路线登山，也可以进行登山比赛或途中安排一些游戏，如埋些“地雷”，规定各队要找出几个“地雷”后集体到达终点，先到者获胜等，强度为 40% ～ 60%。

（16）5 分钟以上的循环练习：根据专项选择 8 ～ 10 个练习，组成一套循环练习，反复循环 5 分钟以上，做 3 ～ 5 组，组间歇时间为 5 ～ 10 分钟。心率在活动结束时控制在 140 ～ 160 次 / 分钟，休息恢复到 120 次 / 分钟以下时，开始下一组练习，强度控制在 40% ～ 60%。

（17）5 分钟以上的跳舞：如健美操、迪斯科舞蹈等，不间断地跳 5 分钟以上，做 4 ～ 6 组，间歇时间为 5 ～ 8 分钟，强度为 40% ～ 60%，心率控制在 160 次 / 分钟以下，如图 3-3 和图 3-4 所示。

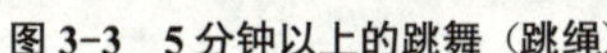

图 3-3　5 分钟以上的跳舞（跳绳）

图 3-4　5 分钟以上的跳舞（健美操）

任务实施

读书笔记

有氧耐力训练比赛

活动形式：小组展现有氧耐力素质。

活动目的：增强学生毅力，培养学生敢于表现的能力，树立协作精神，让学生在练习中巩固所学习的知识，掌握有氧耐力训练的方法。

活动步骤：

（1）根据班级人数将班级分为若干组，8 人左右为宜，最好不超过 5 个组，选定一人为组长。

（2）每组选一个有氧训练项目，组长带领组员进行训练，当所有组员完成训练任务后，组长带领继续做另一个组所选的训练项目，依次进行，直到把每个组所选的项目都完成。

（3）小组选出代表就自己组的表现进行评价，同时对其他组的表现进行评价。

（4）老师对每个小组成员的表现作出评价，并进行打分。

（5）老师做总结性发言。

读书笔记

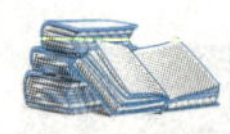

任务检测

有氧耐力比赛评分表见表 3-2。

表 3-2 有氧耐力比赛评分表

项目＼组别	一组	二组	三组	四组
一组选择项目				
二组选择项目				
三组选择项目				
四组选择项目				
总分				
注：优秀为 8 ～ 10 分，良好为 5 ～ 7 分，不及格为 1 ～ 4 分				

知识拓展

呼吸对于耐力训练的重要性

发展耐力素质，特别是发展有氧耐力水平，正确的呼吸是十分重要的。呼吸的作用在于摄取发展耐力的必要氧气。机体摄取氧气是通过呼吸频率和加深呼吸深度来实现的，二者之间，后者更为重要。耐力训练对氧气的需求量大，运动员更应重视呼吸问题。运动员的呼吸能力的提升，并不是靠加快呼吸的频率，而是靠加深呼吸的深度，特别是呼气的深度。只有呼气深，呼吸道中的 CO_2 呼出得多，才能吸进更多的氧气。同时应培养运动员用鼻子呼吸的习惯（游泳除外），因为鼻腔有黏膜可以净化空气，也可以使氧气暖和一些再吸入气管，还可以减少尘埃和冷气进入肺部。有人还认为用嘴呼吸会出现横膈膜升降的浅呼吸，用鼻呼吸就可避免这种现象。

各项目的运动员都应注意练习他们呼吸的节奏与动作节奏的协调一致，呼吸节奏紊乱，就会使动作节奏遭到破坏，也会使能量物质的消耗增加，不利于耐力水平的提高。

任务三　掌握无氧耐力训练的方法

一 新知导入

无氧耐力是专项耐力的基础。运动员无氧耐力的发展水平主要取决于三个因素：第一是无氧代谢能力，这是构成无氧耐力的最重要因素；第二是能源物质（ATP、CP、糖原）的储备；第三是肌肉、关节、韧带等支撑运动器官承受大强度工作的能力。因此，提高运动员的无氧代谢能力和肌肉活动时必需的能源物质储备及支撑运动器官的功能是发展无氧耐力的主要途径。

二 知识解答

发展无氧耐力的具体方法如下。

（一）原地间歇高抬腿跑

读书笔记

原地做快速高抬腿练习（图 3-5）。如发展非乳酸性无氧耐力，则可做每组 5 秒、10 秒、30 秒快速高抬腿练习，做 6 ～ 8 组，间歇时间为 2 ～ 3 分钟，强度为 90% ～ 95%，要求越快越好。如发展乳酸性无氧耐力，则可以做 1 分钟练习，或 100 ～ 150 次为一组，做 6 ～ 8 组，每组间歇时间为 2 ～ 4 分钟，强度为 80%，要求动作规范。也可前支撑做高抬腿跑练习。

图 3-5　高抬腿练习

读书笔记

（二）高抬腿跑转加速跑

行进间高抬腿跑 20 米左右转加速跑 80 米。重复 5 ～ 8 次，间歇时间为 2 ～ 4 分钟，强度为 80% ～ 85%。

（三）原地或行进间间歇车轮跑

原地或行进间做间歇车轮跑，每组 50 ～ 70 次，做 6 ～ 8 组，间歇时间为 2 ～ 4 分钟，强度为 75% ～ 80%。

（四）间歇后蹬跑

行进间做后蹬跑，每组 30 ～ 40 次或 60 ～ 80 米，重复 6 ～ 8 次，间歇时间为 2 ～ 3 分钟，强度为 80%。

（五）反复起跑

蹲踞式或站立式起跑 30 ～ 60 米，每组 3 ～ 4 次，重复 3 ～ 4 组，每次间歇时间为 1 分钟，组间歇时间为 3 分钟。

（六）反复跑

跑距为 60 米、80 米、100 米、120 米、150 米等。重复次数应根据距离的长短及运动员水平而定。一般每组 3 ～ 5 次，重复 4 ～ 6 组，间歇时间为 3 ～ 5 分钟。强度一般的心率控制，如短于专项的距离，练习时心率应达 180 次 / 分钟，间歇恢复至 120 次 / 分钟时，就可以进行下一次练习。如发展乳酸耐力，距离要长些，强度小些。

（七）间歇行进间跑

行进间跑距为 30 米、60 米、80 米、100 米等。计时进行，每组 2 ～ 3 次，重复 3 ～ 4 组，每次间歇时间为 2 分钟，组间歇时间为 3 ～ 5 分钟，强度为 80% ～ 90%。

（八）计时跑

可做短于专项距离的重复计时跑或长于专项距离的计时跑。重复 4 ～ 8 次（根据距离而定），间歇时间为 3 ～ 5 分钟，强度为 70% ～ 90%，根据运动员水平及跑距而定，距离短，强度大些。

（九）间歇接力跑

跑道上，四人成两组，相距 200 米站立，听口令起跑，每人跑 200 米

交接棒，每人重复 8 ～ 10 次。接力跑姿势如图 3-6 所示。

图 3-6 接力跑

（十）迎面接力反复跑

跑道上，两队相距 100 米，每队 4 ～ 5 人，迎面接力跑，每人重复 5 ～ 7 次，强度为 70% ～ 80%。

（十一）反复加速跑

跑道上加速跑 100 米或更长距离。跑完后放松走回再继续跑，反复 8 ～ 12 次，强度为 70% ～ 80%。

（十二）反复超赶跑

在田径场跑道或公路上，10 人左右成纵队慢跑或中等速度跑，听口令后，排尾加速跑至排头，每人重复循环 6 ～ 8 次，强度为 65% ～ 75%。

（十三）变速跑

变速跑是快跑与慢跑结合进行的。快跑段与慢跑段距离，应根据运动员专项而定。如发展非乳酸性无氧耐力，则常采用 50 米快、50 米慢，100 米快、100 米慢或直道快、弯道慢或弯道快、直道慢等。为发展乳酸性无氧耐力，常采用 400 米快、200 米慢，或 300 米快、200 米慢，或 600 米快、200 米慢等，强度为 60% ～ 80%。

（十四）反复变向跑

在场地上听口令或看信号做向前、后、左、右的变向跑。每次 2 分

读书笔记

钟，重复 3 ～ 5 组，间歇时间为 3 ～ 5 分钟，强度为 65% ～ 70%。变向跑的每一段落均为往返跑，即跑出去后，返回起跑位置，每一段落至少 50 米。间歇后心率恢复到 120 次 / 分钟以下，再开始继续练习。

（十五）变速越野跑

在公路、树林、草地、山坡等场地进行越野跑，在越野跑中做 50 ～ 150 米或更长些距离的加速跑或快跑段落。加速或快跑的距离为 1 000 ～ 1 500 米，强度为 60% ～ 70%。

（十六）反复连续跑台阶

在每级高 20 厘米的楼梯或高 50 厘米的看台上，连续跑 30 ～ 40 步台阶，每步 2 级，重复 6 次，每次间歇时间为 5 分钟，强度为 65% ～ 70%。要求动作不间断，也可定时完成。反复连续跑台阶如图 3-7 所示。

图 3-7　反复连续跑台阶

（十七）球场往返跑

篮球场端线站立，听口令起跑至对面端线后再转身跑回。每组往返 4 ～ 6 次，重复 4 ～ 6 组，强度为 60% ～ 70%。

（十八）综合跑

在跑道上，做向前跑、倒退跑及左右滑步跑，每种方式跑 50 ～ 100 米，每次跑400米，重复3～5组，间歇时间为3～5分钟，强度为60%～70%。

（十九）两人追逐跑

跑道上两人一组，相距10～20米（根据水平不同）。听口令后起跑，后面人追赶前面人，800米内追上有效，间歇时间为3～5分钟，下次交换位置。重复4～6次，强度为65%～75%，也可以要求在最后100米内追上对方为有效。

（二十）跳绳跑

跑道上做两臂正摇跳绳跑，每次跑200米，做5～8次，间歇时间为5分钟，强度为60%～70%。要求每次结束时心率达160次/分钟，间歇恢复到120次/分钟以下时开始第二次练习，也可规定速度指标。

（二十一）跳绳接力跑

在跑道上，两组相距100米，做往返跳绳接力跑。每组往返4次，做4～6组，间歇时间为5分钟，强度为60%～65%，应有一定的速度要求。

任务实施

读书笔记

无氧耐力训练比赛

活动形式：小组展现无氧耐力素质。

活动目的：增强学生毅力，培养学生敢于表现的能力，树立协作精神，让学生在练习中巩固所学习的知识，掌握无氧耐力训练的方法。

活动步骤：

（1）根据班级人数将班级分为若干组，每组8人左右为宜，最好不超过5个组，选定一人为组长。

（2）组长带领组员进行无氧耐力训练。

（3）各组成员进行耐力跑（男生1 000米，女生800米）、跳绳项目的比赛。（男生用时之和/男生数，女生用时之和/女生数，对照得分表计算出平均分）

（4）老师对每个小组成员的表现作出评价，并进行打分。

（5）老师做总结性发言。

读书笔记

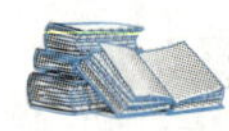

任务检测

男生无氧耐力比赛评分对照表见表 3-3。

表 3-3　男生无氧耐力比赛评分对照表

评分标准	100 分	95 分	90 分	85 分	80 分	75 分	70 分	60 分
1 000 米	≤3′17	3′18～3′26	3′27～3′33	3′34～3′43	3′44～3′58	3′59～4′06	4′07～4′31	≥4′32
1 分钟跳绳	157	152	147	141	135	120	100	65
得分								

女生无氧耐力比赛评分对照表见表 3-4。

表 3-4　女生无氧耐力比赛评分对照表

评分标准	100 分	95 分	90 分	85 分	80 分	75 分	70 分	60 分
800 米	≤3′15	3′16～3′20	3′21～3′25	3′26～3′32	3′33～3′40	3′41～3′50	3′51～4′31	≥4′32
1 分钟跳绳	166	159	152	144	136	121	101	66
得分								

知识拓展

主动训练更容易增加训练效果

运动员在练习中是否主动投入，对练习的效果有很大的影响。主动投入时，中枢神经系统、内脏系统和肌肉系统等都能处在一个良性状态下，为机体承受较大的运动负荷创造了非常好的条件，有利于耐力水平的提高。

一、简答题

1. 什么是耐力素质？

2. 简述耐力素质的分类。

二、思考题

1. 人体一般疲劳与运动疲劳各有什么特点？

2. 从自己训练的角度，阐明耐力素质的特点和练习的方法。

项目四

柔韧素质训练

1. 熟知柔韧素质的概念和作用。

2. 了解柔韧素质的种类、特点及影响柔韧素质的因素。

3. 掌握柔韧素质的锻炼方法和手段。

4. 熟悉发展柔韧素质的注意事项。

5. 在柔韧练习中扎扎实实，勤学苦练，无所畏惧，刻苦钻研，勇攀高峰。

情境描述

经过一天紧张的工作，下班的小王已经非常疲惫，肌肉僵硬，想放松一下身体，缓解疲劳，该怎么样去拉伸放松呢？本项目主要介绍柔韧素质训练的相关知识。

任务一　学习柔韧素质基础理论知识

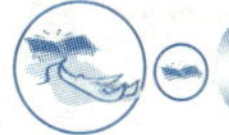

新知导入

柔韧素质是人体的一种重要身体素质。良好的气质形象离不开良好的柔韧性，发展柔韧素质不仅可以加大动作幅度，使动作更加优美、协调，而且能加大动作力量，减少受伤的可能性。因此，正确地进行柔韧素质练习，对于提高运动技术水平具有重要的意义。

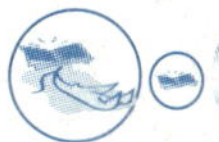

知识解答

一、柔韧素质的概念及作用

柔韧素质是指人体关节活动幅度的大小及跨过关节的韧带、肌腱、肌肉、皮肤及其他组织的弹性和伸展能力。柔韧素质包括两个方面的含义：一个是关节活动幅度的大小；另一个是跨过关节的肌肉、肌腱、韧带等软组织的伸展性。关节的活动幅度主要取决于关节本身的装置结构。跨过关节的肌肉、肌腱、韧带等软组织的伸展性，则主要通过合理的训练获得。

柔韧素质训练的作用如下：

（1）加大运动幅度，有利于肌力和速度的发挥。

（2）提高关节的灵活性，增加动作的协调优美感，可获得最佳的机能水平。

（3）加速动作掌握进程，有利于技术水平的提高，使技术动作显得轻巧、灵活，更加协调和准确。

（4）防止、减少伤害事故的发生，延长运动寿命。

（5）柔韧素质是各项选材的重要依据之一。

二、柔韧素质的种类及特点

人们通常将柔韧素质简称为柔韧性。但不能将柔韧性和柔软性混为一

读书笔记

读书笔记

谈，它们在实质上是有区别的：柔韧是柔中有刚，即在做大幅度动作时，肌肉仍能快速有力地收缩；而柔软只是柔与不硬，做动作时软绵绵的，打得开却收不拢。柔韧素质的分类如图 4-1 所示。

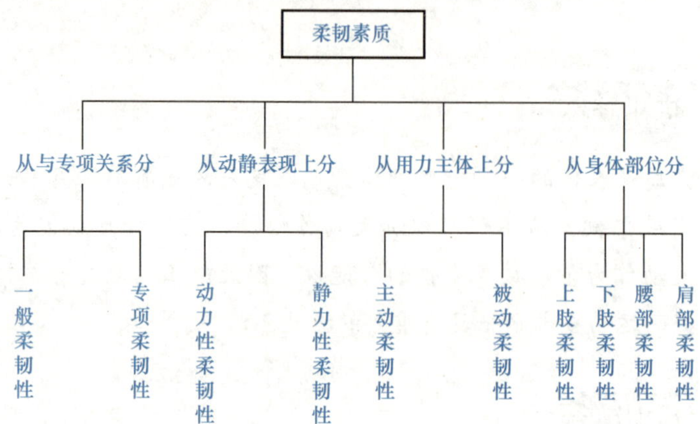

图 4-1　柔韧素质的分类

（1）一般柔韧性与专项柔韧性。一般柔韧性是指为适应一般技能发展所需要的柔韧素质；专项柔韧性是指专项运动特殊需要的柔韧性，由于专项柔韧性具有较强选择性，因此，同一身体部位具有的柔韧性由于项目的需求不同，在幅度、方向等表现上也有差异。

（2）动力性柔韧性与静力性柔韧性。动力性柔韧性是指肌肉、肌腱、韧带根据动力性技术动作需要，拉伸到解剖学允许的最大限度，随即利用强有力的弹性回缩力来完成所要完成的动作的能力。所有爆发力前的拉伸均属于动力性柔韧性。静力性柔韧性是指肌肉、肌腱、韧带根据静力性技术动作的需要，拉伸到动作所需要的位置角度，控制其停留一定时间所表现出来的能力。动力性柔韧性建立在静力性柔韧性的基础上，但必须要有力量素质的表现。静力性柔韧性好，动力性柔韧性不一定好。

（3）主动柔韧性与被动柔韧性。主动柔韧性是人在主动运动中表现出来的柔韧素质水平；被动柔韧性则是在一定外力协助下完成或在外力作用下（如教练员协助运动员做压腿练习）表现出来的柔韧水平。主动柔韧性不仅反映对抗肌的可伸展程度，而且也可反映主动肌的收缩力量。一般来说，主动柔韧性比被动柔韧性要差，这种差距越小，说明柔韧素质的发展水平越均衡。

另外，从柔韧素质在身体不同部位的表现看，又可分为上肢柔韧性、下肢柔韧性、腰部柔韧性、肩部柔韧性等。

三、柔韧素质的影响因素

柔韧素质的影响因素是多方面的，主要概括如下：

（1）骨关节结构。

（2）跨过关节的肌肉、肌腱、韧带。关节的加固主要依赖肌腱和韧带，肌肉从关节外部补充加固关节力量，控制关节活动幅度。韧带本身是抗拉性很强的组织，它主要的作用是加固关节，限制关节在一定范围内运动，从而保护关节不致超出解剖允许的限度而受伤。

（3）关节周围组织的大小。例如，皮下脂肪过多的人，肌肉收缩力量相对较弱，加之脂肪占一定空间体积，影响柔韧的有效幅度。所以，大腹便便者很难做体前屈使手触地动作，只有减少了腹部的脂肪，前屈的幅度才会增大。

（4）年龄和性别。

（5）疲劳程度。当肌肉由于长时间工作产生疲劳时，其弹性、伸展性、兴奋性均降低，造成肌肉收缩与放松的不完善，各肌群不能协调工作从而导致关节柔韧性的降低。

（6）温度。当肌肉温度升高时，新陈代谢加强，供血增多，肌肉的黏滞性减少，从而提高肌肉的弹性和伸展性，柔韧性得以提高。当外界环境温度低时，必须做好充分的准备活动，提高肌肉温度，增加柔韧性；当外界环境温度高时，将排出一定量的汗液以降低温度，以免肌肉过早出现疲劳而降低关节的柔韧性。

读书笔记

（7）神经过程转换的灵活性。神经系统兴奋过程与抑制过程转换的灵活性与运动活动中肌肉的基本张力有关，所以运动需要适当提高兴奋性。

（8）活动水平。长期不运动或参加运动但是技术水平有所不同，包括活动的方法、量和手段的不同，都会对柔韧性产生很大的影响。

（9）心理因素。心理紧张度可通过中枢神经系统影响到人体各部位的工作状况，心理紧张度过强、时间过长会使神经过程由兴奋转为抑制，严重影响各部位的协调能力，从而影响柔韧性。

四、发展柔韧素质的注意事项

（1）循序渐进，持之以恒。柔韧素质的发展需要意志力的练习。痛感强，见效慢，停止训练便有所消退，因此，应持之以恒才能见效。

（2）柔韧性练习要因人而异。在全面发展各部位柔韧性的基础上，

读书笔记

要根据练习者的具体情况，在练习过程中区别对待、突出针对性和应用性。

（3）柔韧素质的发展应与力量素质发展相适应。柔韧素质的发展应是在肌力增长下的发展，而肌力的增长决不能因体积的增长而影响关节活动幅度。

（4）柔韧素质的发展要兼顾相互关联的身体各个部位。在有些动作中，柔韧性的表现不仅是在一个关节或某个身体部位，而是牵涉几个相互有关联的部位。如为发展腰部柔韧性若采用“桥”的练习，就是由肩、脊柱、髋等部位的关节所决定的。因此，在练习过程中对这几个部位都应该进行发展，若忽视某一部位就有可能出现外伤。如果发现某一部位稍差，就应立即采取措施使其得到改善。

（5）柔韧素质练习要注意外界温度与练习的时间。外界的温度过高或过低，都会影响到肌肉的状态，影响到肌肉的伸展能力。一般来说，当外界温度在 18 ℃时，有利于柔韧性的发展，因为肌肉在这个温度下，伸展能力较好。

（6）柔韧性练习之后应结合放松练习。每个伸展练习之后，应做相反方向的练习，使供血供能机能加强，有助于伸展肌群的放松和恢复。如压腿之后做几次屈膝练习，体前屈练习之后做几次挺腹挺胯动作，下完腰后做几次体前屈或团身抱膝动作等。

（7）柔韧练习时要防止受伤。柔韧练习主要是运用各种方法，拉长人体关节肌肉、韧带的长度。但如果不采用科学的方法，非常容易造成肌肉拉伤。因此，要提高柔韧练习的最终效果，必须要防止在练习时受伤。一般在柔韧练习前，可做一些热身活动，减少肌肉的黏滞性；在拉长肌肉的过程中，不宜用力过猛，特别是在柔韧被动练习时，教练员施加的外力要循序渐进，也要了解运动员的个性特征，还要及时注意运动员的练习反应，以便合理地加力与减力，保证柔韧练习的正常进行。

任务实施

柔韧素质基础知识抢答赛

活动形式：以小组为单位进行知识抢答比赛。

活动目的：培养学生自主学习、善于思考的能力，树立协作精神，锻炼学生的语言表达和思维逻辑能力，在探索和回答问题的过程中了解柔韧素质训练的基础知识。

活动步骤：

（1）将班级同学分成若干小组，每组6～8人为宜，设组长一名。

（2）老师介绍抢答赛的规则要求：①依据老师提出的问题，组长协调组员分工搜索问题的答案，并进行汇总整理；②各小组选定一名同学负责抢答；③回答问题的小组答完以后其他小组可以进行补充，补充正确加1分。

（3）老师提出本场抢答赛的问题：①什么是柔韧素质？②进行柔韧素质训练有什么作用？③柔韧素质有哪些种类？有什么特点？影响因素又是什么？④发展柔韧素质有哪些注意事项？

（4）小组抢答：规定20分钟左右的时间进行准备，到时间后老师组织抢答。

（5）老师对每个小组的表现作出评价，并进行打分。

（6）老师做总结性发言，根据问题做详细的解答。

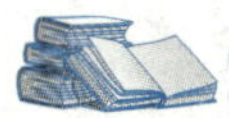

任务检测

小组得分表见表4-1。

表4-1　小组得分表

评分标准	正确全面（3分）	正确不全面（2分）	不正确（0分）	补充问题（1分）
问题一				
问题二				
问题三				
问题四				
总分				

读书笔记

知识拓展

疲劳的判断——自我感觉

自我感觉是判断疲劳最有效的方法。当人体出现运动性疲劳时，身体会出现不同程度的异常，如身体乏力、心跳加快、呼吸急促、胸部发闷、肌肉酸痛、食欲缺乏、失眠等症状。主观体力感觉表见表4-2。

读书笔记

表 4-2　主观体力感觉表

主观运动感觉	等级
安静	6
非常轻松	6 ～ 7
很轻松	8 ～ 9
尚轻松	10 ～ 11
稍费力	12 ～ 13
费力	14 ～ 15
很费力	16 ～ 17
非常费力	18 ～ 20

任务二　掌握柔韧素质训练的方法

新知导入

发展柔韧素质的目的是提高跨过关节的肌肉、肌腱、韧带等软组织的伸展性，其伸展能力的提高主要是“力”的拉伸作用的结果。柔韧素质的练习方法主要有两种，即主动或被动形式的静力拉伸法和主动或被动形式的动力拉伸法。这两种练习方法的特点都是在“力”的拉伸作用下，有节奏地逐渐加大动作幅度或多次重复同一动作，使软组织逐渐地或持续地受到被拉长的刺激。

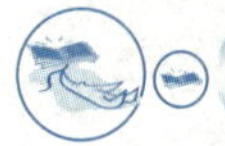

知识解答

一、柔韧素质练习的方法

读书笔记

（一）主动或被动的静力拉伸法

主动或被动的静力拉伸法是缓慢地将肌肉、肌腱、韧带拉伸到一定酸、胀、痛的感觉位置并略有超过，然后停留一定时间的练习方法。这种方法可以减少或消除超过关节伸展能力的危险性，防止拉伤。由于拉伸缓慢不会激发牵张反射，一般要求在酸、胀、痛的位置停留 6 ～ 8 秒，重复 6 ～ 8 次。

（二）主动或被动的动力拉伸法

主动或被动的动力拉伸法是指有节奏的、速度较快的、幅度逐渐加大的、多次重复一个动作的拉伸方法。在运用该方法时用力不宜过猛，幅度一定要由小到大，先做几次小幅度的预备拉长，然后加大幅度，从而避免拉伤。每个练习重复 5 ～ 10 次。主动的动力拉伸方法是靠自己的力量拉伸；被动的动力拉伸方法是靠同伴的帮助或负重借助外力的拉伸，但外力应与运动员被拉伸的可能伸展能力相适应。

上述方法可单独采用也可混合运用，练习时间根据需要确定。

读书笔记

二、发展柔韧素质可采用的手段

（1）在器械上的练习：利用肋木、平衡木、跳马、把杆、吊环、单杠等。

（2）利用轻器械的练习：利用木棍、绳、橡皮筋等。

（3）利用外部的阻力练习：同伴的助力、负重等。

（4）利用自身所给的助力或自身体重的练习：如压腿时双手用力压同时上体前压振；在吊环或单杠上做悬垂等。

（5）发展各关节柔韧性所采用的动作：压、踢、摆、搬、劈、绕环、前屈、后仰、吊、转等。

三、发展柔韧素质的具体方法

（一）手指手腕柔韧性练习

（1）握拳、伸展反复练习。

（2）两手五指相触用力内压，使指根与手掌背向成直角或小于直角。

（3）两手五指交叉直臂头上翻腕，掌心朝上。

（4）手腕屈伸、绕环。

（5）手指垫高的俯卧撑。

（6）举杠铃至胸，用手指托住杠铃杆。

（7）用左手掌心压右手四指，连续推压。

（8）面对墙站立，连续做手指推撑。

（9）左、右手指交替抓下落的棒球（或小铅球）。

（10）靠墙倒立。

手指手腕柔韧性练习如图 4-2 所示。

（二）肩关节柔韧性练习

1. 压肩

（1）手扶一定高度体前屈压肩。

（2）双人手扶对方肩，体前屈直臂压肩。

（3）面向墙一脚距离站立，手、大小臂、胸触墙压肩（逐渐加大脚与墙的距离）。

图 4-2　手指手腕柔韧性练习

（4）练习者背对横马并仰卧在鞍马上，另一人在后面扶着他上臂下压。

（5）两人互相以手搭肩，身体前倾，向下有节奏地压肩。

压肩姿势如图 4-3 所示。

图 4-3　压肩

读书笔记

图 4-3　压肩（续）

2. 拉肩

（1）双人背向，两手头上拉住，同时做弓箭步前拉。

（2）练习者站立，两手头上握住，帮助者一手拉练习者头上手，一手顶背助力拉［图 4-4（a）］。

（3）练习者俯卧，两手相握头上举或两手握木棍，帮助者坐练习者身上，一手拉木棍，一手顶其背助力拉［图 4-4（b）］。

（a）

图 4-4　拉肩

(b)

图 4-4　拉肩（续）

（4）背对肋木坐，双手头上握肋木，以脚为支点，挺胸腹前拉起成反弓形。

读书笔记

（5）背向肋木站，双手反握肋木，下蹲下拉肩。

（6）背向肋木屈膝站在肋木上，双手头上握肋木，然后向前蹬直双腿，胸腹用力前挺。

（7）侧向肋木，一手上握，一手下握肋木向侧拉。

（8）在体前屈坐垫上，双手后举，帮助者握其两手向前上推助力拉。

3．吊肩

（1）单杠各种握法（正、反、反正、翻等握法）的悬垂摆动[图 4-5（a）]。

（2）单杠负重静力悬垂。

（3）杠悬垂或加转体[图 4-5（b）]。

（4）后吊：单杠悬垂，两腿从两手间穿过下翻成后吊。

读书笔记

(a)

(b)

图 4-5　吊肩

4. 转肩

用木棍、绳或橡皮筋做直臂向前、向后的转肩（握距逐渐缩小）（图 4-6）。

图 4-6　转肩

（三）腰腹部柔韧性练习

（1）弓箭步转腰压腿。

（2）两脚前后开立，向左后转，向右后转，来回转腰。

（3）体前屈手握脚踝，尽量使头、胸、腹与腿相贴［图 4-7（a）］。

（4）站在一定高度上做体前屈，手触地面。

（5）分腿体前屈，双手从腿中间后伸。

（6）分腿坐，脚高位体前屈，帮助者可适当用力压其背部助力［图 4-7（b）］。

（7）后桥练习，逐渐缩小手与脚间的距离。

（8）向后甩腰练习。

（9）俯卧撑交替举后腿，上体尽量后抬成反弓形。

（10）双人背向，双手头上握或互挽臂互相背。

（11）肩肘倒立下落成屈体肩肘撑。

（a）

（b）

图 4-7　腰腹部柔韧性练习

（四）胸部柔韧性练习

（1）俯卧背屈伸。练习者腿部不动，积极抬上体、挺胸。

（2）虎伸腰［图 4-8（a）］。练习者跪立，手臂前放于地下，胸向下压。要求主动伸臂，挺胸下压。

读书笔记

（3）练习者面对墙站立，两臂上举扶墙，抬头挺胸，压胸。要求让胸尽量贴墙，幅度由小到大。

（4）练习者背对鞍马头站立，身体后仰，两手握环使胸挺出。要求充分伸臂，顶背拉肩，挺胸。

（5）练习者并腿坐在垫子上，臂上举，同伴在背后一边向后拉其双手，一边用膝盖顶练习者肩背部，向后拉肩振胸［图 4-8（b）］。

(a)

(b)

图 4-8　胸部柔韧性练习

（五）下肢柔韧性练习

（1）前后劈腿：可以独立前后振压，也可以将腿部垫高，由同伴帮助下压。

（2）左右劈腿：练习者仰卧在垫子上，屈腿或直腿都可以，由同伴扶腿部不断下压。

（3） 压腿：将脚放在一定高度上，另一腿站立脚尖朝前，然后正压（勾脚）、侧压、后压［图 4-9（a）］。

（4）踢腿：原地扶把杆或行进，正踢（勾脚）、侧踢、后踢。

（5）摆腿：向内、向外摆腿。

（6）控腿：手扶支撑物体，前控、侧控、后控。

（7）弓箭步压腿［图 4-9（b）］。

（8）跪坐压脚面。

（9）在特制的、不同形状的练习器上练习脚腕不同方位的柔韧性。

（10）用脚内侧、外侧、脚跟、脚尖走。

（11）背对背坐，双手头上拉，一人前俯，一人后仰。

(a)

(b)

图 4-9　下肢柔韧性练习

（六）踝关节和足背部柔韧性练习

（1）练习者手扶腰部高度肋木，用前脚掌站在最下边的肋木杠上，利

读书笔记

用体重上下压动，然后在踝关节弯曲角度最大时，停留片刻以拉长肌肉和韧带。

（2）练习者跪在垫子上，利用体重前后移动压足背，也可将足尖部垫高，使足背悬空做下压动作，增加练习时的难度［图 4-10（a）］。

（3）练习者坐在垫子上，在足尖部上面放置重物，压足背。

（4）做脚前掌着地的各种跳绳练习。

（5）做脚前掌着地的各种方向、各种速度的行走练习［图 4-10（b）］。

(a)

(b)

图 4-10　踝关节和足背部柔韧性练习

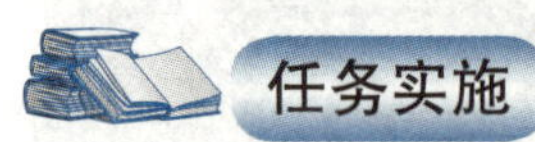
任务实施

柔韧性训练比赛

活动形式：小组展现各部位的柔韧性。

活动目的：锻炼学生善于展示自己的能力，提高沟通交流的能力，让学生掌握不同的柔韧性练习方法。

活动步骤：

（1）根据班级人数将班级分为若干组，每组 8 人左右为宜，选定一人为组长。

（2）组长组织小组成员进行柔韧性练习，然后每组推选出四位成员参加比赛，其中两名负责做动作，另外两名负责解说动作的锻炼部位及动作过程；每组推选一名记分员（本组记分员不记录本组得分）。

（3）以抽签的形式来决定每个小组需要展现的动作，然后请参赛同学轮流展示。注意每组至少做三个部位的柔韧性练习动作。

（4）老师对每个小组成员代表的表现作出评价，并进行打分。

（5）老师做总结性发言。

任务检测

力量训练比赛评分表见表 4-3。

表 4-3　力量训练比赛评分表

评分标准	手腕	手指	肩部	背部	腰部	胸部	腿部	脚踝
动作解说								
动作演示								
总分								
注：优秀为 8 ～ 10 分，良好为 5 ～ 7 分，不及格为 1 ～ 4 分								

读书笔记

知识拓展

急性创伤的正确处理

创伤的正确处理，有赖于对创伤病理过程的了解。创伤的病理过程有四个阶段：第一阶段，组织损伤及出血；第二阶段，炎症反应及肿胀；第三阶段，肉芽组织机化；第四阶段，形成瘢痕。

治疗运动创伤的基本原则，就是按不同的病理过程进行处理。早期是止血、防肿，中期、晚期是消除炎症、瘢痕和功能锻炼。必须指出，为了减少瘢痕形成，防止肌肉及韧带无力，早期尽量使出血及肿胀减少，这是非常重要的。

一、简答题

1. 什么是柔韧素质？试述你对柔韧素质的理解。

2. 简述柔韧素质在运动实践中的作用。

二、思考题

1. 结合你的实践和理解，你认为发展柔韧素质时应注意哪些因素？

2. 结合本专业，你认为发展哪些部位的柔韧性最关键？应如何练习？

项目五

灵敏素质训练

1. 了解灵敏素质的概念和特点。
2. 了解灵敏素质的影响因素。
3. 掌握灵敏素质的锻炼方法和手段。
4. 弘扬爱国主义精神，增强民族自豪感。

情境描述

飞机在飞行过程中，突然遇到紧急情况，机乘人员除需要良好的心理素质来应对外，自身的灵敏素质也会起到关键的作用。本项目主要介绍灵敏素质训练的基础理论知识和训练方法。

任务一　学习灵敏素质基础理论知识

新知导入

许多运动项目都要求运动员在时空急剧变化的条件下能迅速表现出对动作的准确判断、灵活应变、快速敏捷的反应速度、高度的自我操纵能力，以及迅速改变身体或身体某部位运动方向的能力。这些都是灵敏素质的表现内容，因此，灵敏素质的提高与发展在体育运动项目中极为重要。

知识解答

一、灵敏素质的概念及特点

读书笔记

灵敏素质是指人体在各种突然变换的条件下，快速、协调、敏捷、准确地完成动作的能力。它是人的运动技能、神经反应和各种身体素质的综合表现。

灵敏素质需要与其他素质协同配合才能完成动作。通过力量，特别是爆发力量，控制身体的加速或减速；通过速度，特别是爆发速度，控制身体移动、躲闪、变换方向的快慢；通过柔韧保证力量、速度的发挥；通过耐力保证持久的工作能力。这些素质的综合运用才能保证动作的熟练程度，而动作的熟练程度必须在中枢神经支配下才能自如运用。因为神经反应决定了反应速度的快慢，决定了判断是否准确，决定了随机应变及时作出应答动作的快慢。应答动作的熟练程度直接体现了灵敏素质的高低，所以，灵敏素质是运动技能、神经反应和各种素质的综合表现。

由于各运动项目的技能差异，所以对各素质及神经反应的要求也不同，对灵敏素质的要求也不同。民航人员需要应对复杂的工作环境，应当在发展一般灵敏素质的基础上，根据不同工作岗位的需求作出不同的训练计划。

读书笔记

二、灵敏素质的影响因素

（1）解剖学因素：就一般人而言，过高而瘦长的，过胖的或梨形体型的人缺乏灵敏性，“O”型腿、“X”型腿的人缺乏灵活性，肌肉发达的中等或中等以下身高的人，往往有高度的控制力而表现得非常灵活。

（2）生理因素：人体在完成动作时，肌肉产生收缩，通过感知肌纤维长度、张力变化，产生的兴奋传入神经中枢，分析综合活动而感知身体在空间的位置、姿势及身体各部位的运动情况，并与视觉、味觉、触觉及内感受器相互作用，实现空间方位感觉；前庭分析器对空翻、转体及维持身体平衡、变换身体的方向位置的灵活性具有很大的作用。

（3）年龄和性别。

（4）疲劳程度：疲劳将导致中枢神经系统灵活性与机体活动能力降低，在兴奋性比较高、体力充沛的时候发展灵敏素质效果最好。

（5）情绪：人的情绪在高涨时显得特别灵敏，而情绪低落时，灵敏性也会降低。

（6）其他身体素质发展水平：灵敏素质是人体的力量、速度、耐力、柔韧及协调性等能力的综合表现。

（7）运动技术的熟练及运动经验的丰富：实践证明，掌握基本技术越多、越熟练，不仅学习新的运动技能快，而且技术运用也显得更灵活，更富有创造力，表现出的灵敏素质也就越高。

（8）气温：气候阴雨潮湿，天气温度太低，也会降低关节的灵活性与肌肉韧带的伸展性，造成灵敏性下降。

任务实施

灵敏素质基础知识抢答赛

活动形式：以小组为单位进行知识抢答比赛。

活动目的：培养学生自主学习、善于思考的能力，树立协作精神，锻炼学生的语言表达和思维逻辑能力，在探索和回答问题的过程中了解灵敏素质训练的基础知识。

活动步骤：

（1）将班级同学分成若干小组，每组6～8人为宜，设组长一名。

（2）老师介绍抢答赛的规则要求：①依据老师提出的问题，组长协调组员分工搜索问题的答案，并进行汇总整理；②各小组选定一名同学负责

抢答；③回答问题的小组答完以后其他小组可以进行补充，补充正确加1分。

（3）老师提出本场抢答赛的问题：①什么是灵敏素质？特点是什么？②灵敏素质的影响因素有哪些？

（4）小组抢答：规定15分钟左右的时间进行准备，到时间后老师组织抢答。

（5）老师对每个小组的表现作出评价，并进行打分。

（6）老师做总结性发言，根据问题做详细的解答。

任务检测

小组得分表见表5-1。

表5-1　小组得分表

评分标准	正确全面（3分）	正确不全面（2分）	不正确（0分）	补充问题（1分）
问题一				
问题二				
总分				

读书笔记

知识拓展

灵敏素质的评价

灵敏素质的发展水平主要从以下三个方面进行评价：

（1）是否具有快速的反应、判断、躲闪、转身、翻转、维持平衡和随机应变的能力。

（2）在完成动作时，是否能自如地操纵自己的身体，在任何不同的条件下都能准确熟练地完成动作。

（3）是否能把力量（爆发力）、速度（反应速度）、耐力、协调性、节奏感等素质和技能通过熟练的动作综合表现出来。

客观实践证明，具有高度灵敏素质的人可以随心所欲地控制自己的运动器官，熟练自如地准确完成动作。

读书笔记

任务二　掌握灵敏素质训练的方法

新知导入

灵敏素质是人体综合能力的反映，受遗传因素影响很大。为了提高灵敏素质，教练员应尽可能采取逐渐增加复杂程度的练习方式，也可以通过改变条件、器械、器材等方式增加技术动作的复杂性和难度。同时，还应着重培养和提高运动员掌握动作的能力、反应能力、平衡能力、观察能力、节奏感等。

知识解答

一、灵敏素质练习的主要手段

（1）在跑、跳中做迅速改变方向的各种跑、躲闪、突然起动及各种快速急停和迅速转体练习等。

（2）做各种调整身体方位的练习。

（3）做专门设计的各种复杂多变的练习。如用“之字跑”“躲闪跑”“穿梭跑”和“立卧撑”四项组成的综合性练习。

（4）以非常规姿势完成的练习。如侧向或倒退跳远、跳深等。

（5）限制完成动作的空间练习。如在缩小的球类运动场地进行练习。

（6）改变完成动作的速度或速率的练习。如变换动作频率或逐步增加动作的频率。

（7）做各种变换方向的追逐性游戏和对各种信号作出应答反应的游戏等。

二、灵敏素质练习的途径

发展灵敏素质是提高运动能力的一个非常重要的方面。在发展灵敏素质的过程中，应该注意到：提高力量、速度、耐力、柔韧素质等是发展灵敏素质的基础；竞技体操、武术、技巧、滑冰、滑雪、各种球类运动等项目都是发展灵敏素质的有效项目；在专项练习复杂化的条件下反复练习与专项运动性质相似的动作，是发展专项灵敏素质的有效途径。发展灵敏素质的途径主要包括徒手练习、器械练习、组合练习和游戏等。

（一）徒手练习

（1）单人练习：主要有弓箭步转体（图 5-1）、立卧撑跳转体、前后滑跳、屈体跳、腾空飞脚、跳起转体、快速后退跑、快速折回跑等练习。

图 5-1　弓箭步转体

读书笔记

读书笔记

（2）双人练习：主要有躲闪摸肩、手触膝、过人、模仿跑、巧用力等双人练习。

（二）器械练习

（1）单人练习：主要包括各种形式的个人运球、传球、顶球、颠球（图 5-2）、托球等多种练习，单杠悬垂摆动、双杠转体跳下、挂撑前滚翻、翻越肋木、钻栏架、钻山羊以及各种球类运动、技巧运动、体操运动的专项技术动作的个人练习等。

图 5-2　颠球

（2）双人练习：主要包括各种形式的传接球、运球中抢球（图 5-3）、双杠端支撑跳下换位追逐、肋木穿越追逐等双人练习。

图 5-3　运球中抢球

读书笔记

读书笔记

（三）组合练习

（1）两个动作组合练习：主要有交叉步→后退跑，后踢腿跑→圆圈跑，侧手翻→前滚翻，转体俯卧→膝触胸，变换跳转髋→交叉步跑，立卧撑→原地高抬腿跑等。

（2）三个动作组合练习：主要有交叉步→侧跨步滑步→障碍跑（图 5-4），旋风脚→侧手翻→前滚翻，弹腿→腾空飞脚→鱼跃前滚翻，滑跳→交叉步跑→转身滑步跑等练习。

图 5-4　交叉步→侧跨步滑步→障碍跑

图 5-4　交叉步→侧跨步滑步→障碍跑（续）

（3）多个动作组合练习：主要有倒立前滚翻→单肩后滚翻→侧滚→跪跳起（图 5-5），悬垂摆动→双杠跳下→钻山羊→走平衡木，跨栏→钻栏→跳栏→滚翻，摆腿→后退跑→鱼跃前滚翻→立卧撑等练习。

读书笔记

图 5-5　跪跳起

读书笔记

图 5-5 跪跳起（续）

（四）游戏

发展灵敏素质的游戏具有综合性、趣味性、竞争性的特点，能引起练习者的极大兴趣，使人全力以赴地投入活动，既能集中注意力、积极思维、巧妙对付复杂多变的活动场面，又能锻炼提高神经系统的灵活性和反应过程，有效地提高身体素质和运动技能。发展灵敏素质的游戏很多，主要包括各种应答性游戏、追逐性游戏和集体游戏等。

三、发展灵敏素质的具体方法

发展灵敏素质须从专项特点出发，重点综合发展反应、平衡、协调等能力。以下根据教学训练体会，提供一些发展灵敏素质的方法，供教学训练时参考。

（一）提高反应判断的练习

（1）按口令做相反的动作。

（2）按有效口令做动作。

（3）原地、行进间或跑步中听口令做动作。如喊数抱团成组，加、减、乘、除简单运算得数抱团组合，看谁最快等。

（4）一对一追逐模仿。

（5）一对一互看对方背后号码。

（6）听信号或看手势急跑、急停、转身、变换方向的练习。

（7）听信号的各种姿势起跑。如站立式、背向、蹲、坐、俯卧撑等姿势。

（8）跳绳。两人摇绳，从绳下跑过转身，从绳上跳过等。

（9）一对一脚跳动猜拳、手猜拳、打手心手背、摸五官等练习。

（10）各种游戏。如叫号追人、追逃游戏、抢占空位（图 5-6）、抢断篮球（一方攻、一方守，攻方运球强行通过，守方积极拦截抢夺，夺到球变为攻方运动员）等。

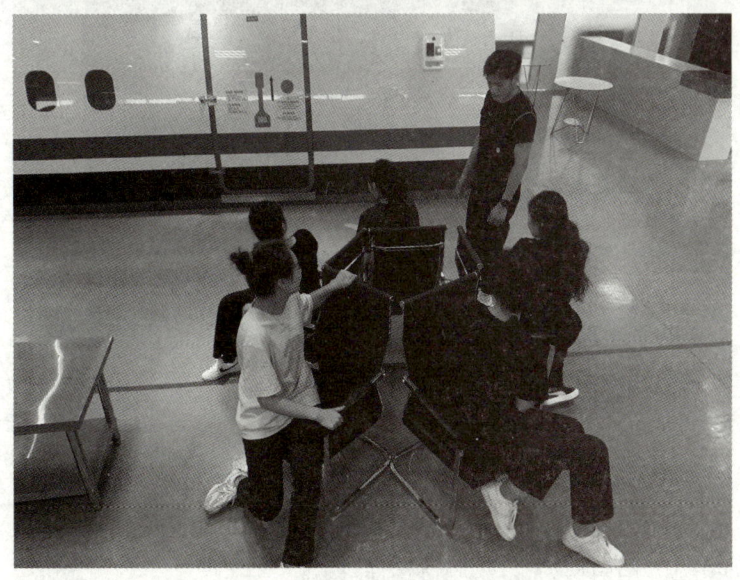

图 5-6　抢占空位

读书笔记

（二）发展平衡能力的练习

（1）一对一面向站立，双手直臂相触，虚实结合相互推，使对方失去平衡。

（2）一对一弓箭步牵手互换面向站立，虚实结合互推互拉使对方失去平衡。

（3）各种站立平衡：俯平衡、搬腿平衡、侧平衡等。

（4）头手倒立，肩肘倒立（图 5-7）、手倒立停一定时间。

图 5-7　肩肘倒立

（5）在肋木上横跳、上下跳练习。

（6）做动作或急跑中听信号完成突停动作。

（7）在平衡木上做一些简单动作。

（8）发展旋转的平衡能力练习。

①用手扶住体操棒，然后松手转身击掌再扶住体操棒使其不倒。

②向上抛球转体 2 周、3 周再接住球。

③跳转 360 度进，保持直线运行。

④闭目原地连续转 5 ～ 8 周，然后闭目沿直线走 10 步，再睁眼看自己走的方向是否准确（图 5-8）。

图 5-8　连续旋转→直线走测试

读书笔记

读书笔记

⑤绕障碍曲线转体跑。

⑥原地跳转 180 度、360 度、720 度落地站稳。

（三）发展协调能力的练习

（1）一对一背向互挽臂蹲跳进、跳转。

（2）模仿动作练习。

（3）各种徒手操练习。

（4）双人头上拉手向同方向连续转。

（5）脚步移动练习。如前后、左右、交叉的快速移动，单脚为轴的前后、转体的移动，左右侧滑步、跨跳步的移动。

（6）做小腿里盘外拐的练习。

（7）跳起体前屈摸脚。

（8）选用武术中的“二踢脚”“旋风脚”动作。

（9）双人跳绳（图 5-9）。

（10）做不习惯方向的动作。

（11）选用健美操、体育舞蹈中的一些动作。

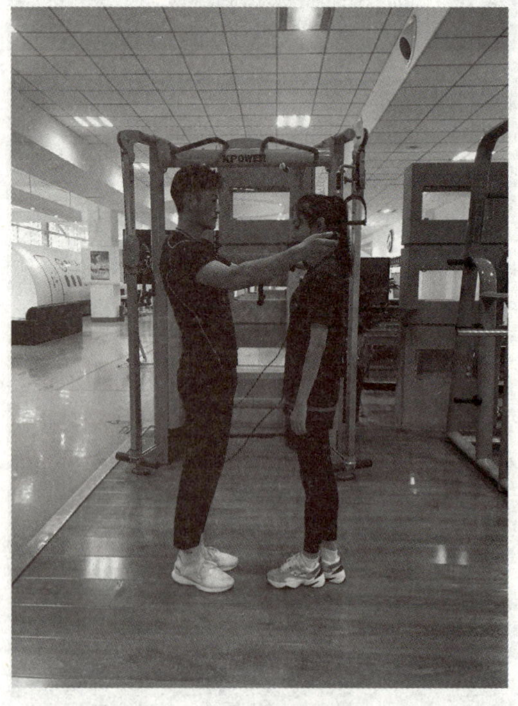

图 5-9 双人跳绳

图 5-9 双人跳绳（续）

（四）选用体操中的一些动作

（1）前滚翻（图 5-10）、后滚翻、侧滚翻。

图 5-10 前滚翻

读书笔记

读书笔记

图 5-10　前滚翻（续）

（2）连续前滚翻或后滚翻。

（3）连续侧手翻。

（4）鱼跃前滚翻（可越过一定高度的障碍物）。

（5）一人仰卧，两人各抓一只脚，同时用力上提，使其翻转站立。

（6）前手翻、头手翻、后手翻、团身后空翻。

（7）在低单杠上做翻上、支撑腹回环、支撑后摆跳下、支撑摆动向前侧跳下等简单动作。

（8）在低双杠上做肩倒立、前滚翻成分腿坐、向前支撑摆动越杠下、向后摆动越杠下等简单动作。

（五）利用跳绳进行的一些练习方法

（1）前摇二次或三次，双足跳一次，俗称“双飞”“三飞”。

（2）后摇二次，双足跳一次，俗称“后双飞”。

（3）交叉摇绳：练习者两手交叉摇绳，每摇两次，单足或双足跳长绳一次。

（4）集体跳绳（图 5-11）：两名练习者摇长绳，其他练习者连续不断地跳过绳子，每人应在绳子摇到最高点时迅速跟进，跳过绳子，并快速跑出。谁碰到绳子，谁与摇绳者交换。

图 5-11　集体跳绳

读书笔记

图 5-11　集体跳绳（续）

（5）双人跳绳：同前，要求两名练习者手拉手跳 3 ～ 5 次后快速跑出。

（6）跳波浪绳：教练与一名队员双手握一根长绳，并把绳子上下抖成波浪形，队员必须敏捷地从上跳过，谁碰到绳子，谁与摇绳者交换。

（7）跳蛇形绳：教练与一名队员双手握一根长绳，并将绳子左右抖动，使绳子像一条蛇在地上爬行，数个队员在中间跳来跳去，1 分钟内触及绳子最少者为胜。

（8）跳粗绳（或竹竿）：教练双手握一根粗绳或竹竿，队员围成一个圆圈站立，当教练握绳或竿做扫圆动作时，队员立即跳起，触及绳索或竹竿者为败。

（六）灵敏性游戏

在灵敏性游戏的设计、选择、运用中，要注意把思维判断、快速反应、协调动作、节奏感等内容有机地结合起来。进行游戏时，要严格执行规则，防止投机取巧，遵守纪律，注意安全。

（1）形影不离：两人一组，并肩而站，右侧的人自由变换位置和方向，站在左侧的人必须及时跟进仍站到他的左侧位置。要求：随机应变，快速移动。

（2）照着样子做：两人一组，其中一人做站立或活动中的各种动作，并不断更换花样，另一人必须照着他的样子做。要求：领做者随意发挥，照做者模仿逼真。

（3）水、火、雷、电：练习者在直径为 15 米的圆圈内快跑，教练员接连喊“水”“火”“雷”“电”，所有人必须做出与之相适应的动作。要求：想象力丰富，变换动作快。

（4）互相拍肩：两人相对 1 米左右站立，既要设法拍到对方的肩膀，又要防止对方拍到自己的肩膀。要求：伺机而动，身手敏捷。

（5）单、双数互追：练习者按单数、双数分成两组迎面相距 1 ～ 2 米坐下，当教练喊“单数”时，单数追双数，双数转身向后跑开 20 米；当教练喊“双数”时，双数追单数，单数转身向后跑开。要求：判断准确，起动迅速。

（6）抓“替身”：成对前后站立围成圈，指定一人抓，另一人逃，逃者通过站到一队人的前面来逃脱被抓，后面的人立即逃开。当抓人者拍打着被抓者时，两人交换继续抓“替身”。要求：反应快速，躲闪灵活。

（7）双脚离地：练习者分散在指定的地方任意活动，指定其中几个为抓人者，听到教练的哨音后，谁的双脚离地就不抓他，抓人者勿缠住一人不放。要求：快速悬垂、倒立、举腿等。

（8）听号接球：练习者围圈报数后向着一个方向跑动，教练持球站在圈中心，将球向空中抛起喊号，被喊号者应声前去接球。要求：根据时间和空间采取应急行动。

读书笔记

（9）老鹰抓小鸡（图 5-12）：“小鸡”跟在“母鸡”背后，用手扶住前面人的髋。“老鹰”站在“母鸡”前面要抓后面的“小鸡”，“母鸡”伸开双臂设法阻止。要求：斗智斗勇，巧用心计。

图 5-12 老鹰抓小鸡

读书笔记

图 5-12　老鹰抓小鸡（续）

（10）围圈打猴：指定几个人当“猴”，在圈中活动，余者作为“猎人”手持 2 ～ 3 个皮球围在圈外，掷球打圈中的“猴”（只准打腿部），被击中的“猴”与掷球的“猎人”互换。要求：眼观六路，耳听八方，掷球准确，躲闪机灵。

任务实施

灵敏素质训练比赛

活动形式：小组展现灵敏素质训练。

活动目的：提高学生沟通交流的能力，让学生通过游戏锻炼灵敏素质。

活动步骤：

（1）根据班级人数将班级分为若干组（组数为偶数），每组 8 人左右为宜，每组人数尽量保持一致，选定一人为组长。

（2）组长组织小组成员进行灵敏性练习，然后每组推选出五位成员参加灵敏性比赛。

（3）每组选出一名队员进行抽签，决定比赛对手是哪一组，采用淘汰制，胜利的队伍与胜利的队伍比，决出 1 ～ 4 名；每组选一名记分员（本组记分员不记录本组得分）。

（4）老师宣布比赛规则：各组的五位参赛队员顺序自行安排，方法为一对一面向站立，双手直臂相触，虚实结合相互推，使对方失去平衡，三局两胜，胜利人数多的队伍获胜。

（5）老师对每个小组成员代表的表现作出评价，并进行打分。

（6）老师做总结性发言。

任务检测

灵敏性训练比赛评分表见表 5-2。

表 5-2　灵敏性训练比赛评分表

名次	第一名	第二名	第三名	第四名
得分				
注：第一名为 4 分，第二名为 3 分，第三名为 2 分，第四名为 1 分。				

知识拓展

读书笔记

灵敏素质训练需要不断变换练习方法

灵敏素质的发展与各种分析器和运动器官机能的改善有密切的关系。人体能否在运动中表现出准确的定向、定时能力和动作准确、迅速变换的能力，都取决于各种分析器和运动器官功能的提高。而人体一旦对某一动作技能熟练到自动化程度，再使用该动作去发展灵敏素质的意义就不大了。因此，发展灵敏素质练习的方法应是多种多样的，并且要经常改变。这样不仅可以使人掌握多种多样的运动技能，还可以提高人体内各种分析器的功能，在运动中能够表现出时空三维立体中的准确定向定时能力，还能表现出动作准确、变换迅速的能力。

读书笔记

一、简答题

1. 什么是灵敏素质？谈谈你对灵敏素质的理解。

2. 简述灵敏素质的影响因素。

二、思考题

1. 灵敏素质与其他身体素质有什么关系？

2. 结合你的实践和理解，进行灵敏素质练习应考虑哪些因素？

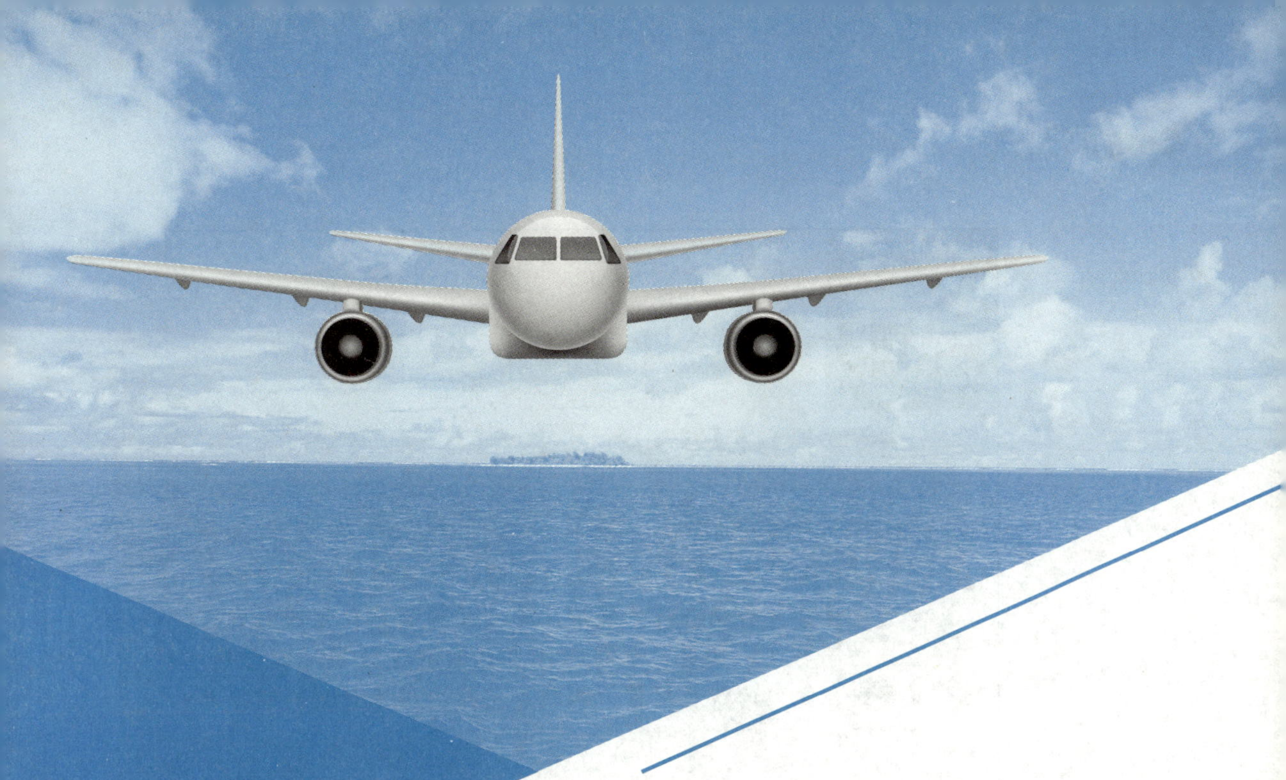

项目六

体能训练计划的制订与健康膳食

项目目标

1. 掌握自我安排一次训练课的能力，能够根据周期计划，进行自我锻炼。

2. 了解健康饮食的合理比例，并运用到生活实践中。

3. 建立健康观念，养成终身体育训练的意识和习惯。

情境描述

在离开校园，踏上工作岗位以后，如果想保持良好的体能必须要进行科学合理的锻炼，那么掌握训练计划的制订方法就必不可少，同时，如果想让自己的锻炼效果更加理想，就要配合健康的饮食习惯。本项目将学习训练计划的制订与健康膳食。

任务一　掌握体能训练计划的制订方法

新知导入

空乘人员体能训练计划的制订，要遵循人的认识活动的一般规律和生理机能活动的规律。生理机能活动的规律一般可分为上升、稳定、下降三个阶段，它反映了人体工作能力变化的总趋势。所以，训练计划的制订要分为三个部分，即准备部分、基本部分和结束部分。

知识解答

视频：体能训练计划制订方法

体能锻炼计划的基本步骤：一是对自己目前体能的现实状态有初步的认识；二是确定本次课程的锻炼目标；三是选择具体的锻炼方法（包括量、强度、总负荷的节奏）；四是确定恢复措施。

训练计划的制订要分为三个部分，即准备部分、基本部分和结束部分。

读书笔记

一、准备部分

准备部分包括心理和身体两个方面。在心理上为接下来的锻炼做好准备，调动自身的积极性；身体准备即做好充分的热身活动。

热身的重要性在于可以减少运动损伤的发生，降低损伤的风险系数，帮助增加身体的核心温度、肌肉温度。肌肉温度的增加，可以使肌肉更松弛、更灵活。有效的热身可以增加心率次数和呼吸的深度与频率，增加血液流量、血液氧气和血液中营养，这些可以帮助肌腱与关节接受更多的艰苦训练。

热身多从简单和轻松的动作开始，循序进入更高强度的训练，完整的热身活动应该包括一般性热身、动态移动拉伸和静态肌肉拉伸，三个部分联合作用给身体和心理积极影响，从而使练习者进入巅峰状态，整套热身动作大约需要 15 分钟。以下内容是在几轮授课实践后总结出的行之有效的热身套路，为了节约教学实验成本，就把这部分凝练成固定的套路，练习者仅需要按部就班操作即可。技术动作多采用常用的动作，而且其细节

读书笔记

部分在前面章节也大都有详细介绍。建议在学生熟练掌握套路之后，教师可根据学生体能情况，创新出更符合学生情况的套路。

（一）有氧热身部分

一般性热身可以采用慢跑、跳绳或各种方向变化的跑步，时间通常为6分钟左右（表6-1），练习者身体就会达到发热、轻微出汗的效果。有氧锻炼也许相对抗阻锻炼要简单些，但并不意味着你要在跑步机或其他有氧锻炼器械上狂奔6分钟，因为训练者有可能在几个星期后，由于效果不够明显，而放弃本可以改变身体健康状况的有氧锻炼。

表6-1　6分钟跑步热身计划

时间	跑步
1分钟	快走
2～3分钟	慢跑
4分钟	最快速度跑
5分钟	慢跑
6分钟	最快速度跑
6分钟以上	走

在教学过程中，为了增加热身的趣味性，可以采用游戏法，如灵敏素质训练中的一些游戏可以参考。

（二）动态伸展

动态伸展是指训练者在队列行进中进行的身体各部位伸展。因为行进中能保持运动强度，能进一步提高心率和体温，所以将其放在热身的第二部分。腿部肌肉占全身肌肉的70%，这部分采用腿部伸展可以不降低运动强度；另外，各种方向踢腿可改善由于久坐造成的髋部肌群紧张，弓步体前屈可以伸展过度紧张的下背肌群，预防骨盆前倾造成的腰背疼痛；最后的弓步转体可以激活腹部肌群，使腹部的肌肉像保护带一样保护躯干，降低后面训练受伤的概率。

行进队列为两人并行，每个动作在行进中完成20～30米，恢复走步返回原队列，再重复练习一次。完成一个动作后再进行下一个动作的练习，练习时间大约为4分钟。

（三）静态伸展

静态伸展持续约 5 分钟，目的是使学生的各运动相关大肌群得到伸展，令各关节得到活动，并让过剩的动能消散，逐渐将心率调整至适合上课的范围，使学生在心理上做好上课的准备。

二、基本部分

基本部分安排体能训练的主体训练内容。在基本部分教学中，应根据课程的目标与学生的特点，合理地安排一些必要的提高身体素质的练习，以便学生更好地掌握教材内容和提高身体训练水平。注意练习与休息合理地相互交替。基本部分可根据人数、场地、器材条件及教材的特点，采用全班的、分组的或个人的形式进行练习。为了贯彻区别对待的原则，一般可采用分组练习的方法。

一堂训练课，学生做练习时所承受的运动负荷的大小，是由运动的数量和强度所决定的。运动的量是指练习的次数和持续的时间及练习的总距离和总重量等。运动的强度是指在单位时间内完成练习所用的力量和机体紧张的程度。运动负荷应根据运动的数量和强度来综合评定。同时，动作的质量（即动作的规格要求）与运动负荷的大小也有一定关系。上课的运动负荷应适当，过小达不到增强体质的效果，过大又会引起过度疲劳，影响健康。

检查和评定课程的运动负荷一般采用以下几种方法：

（1）观察分析学生的表现，如面色、排汗量、呼吸、动作的准确性、控制身体的能力和注意力集中的程度等。

（2）学生自我感觉的食欲、睡眠、精神状态、对练习的兴趣、练习后身体的疲劳程度、肌肉是否酸痛及其他不适反应等。

（3）用心率遥测仪测量运动负荷，女生心率控制在 130 ～ 140 次 / 分钟，男生心率控制在 130 ～ 150 次 / 分钟。每分钟 130 次以下属于小运动负荷。达到 170 次 / 分钟，学生就会感到非常疲劳。在上课时，如果心率在 130 次 / 分钟以上的练习任务量不到总任务量的 1/3，学生上课时情绪就比较消极，如果任务量达到总任务量的 1/2，学生上课状态就非常兴奋，学习情绪也比较高。

传统的教学模式是在教师的指导下进行的，教什么、学什么都得围绕教师的教学目标进行，这就势必造成个别学生“吃不饱”与“吃

读书笔记

读书笔记

不了”。在崇尚健康第一、以终身体育为目标的今天，这样的模式已经不能适应学生对于体育项目的要求。基本部分的训练量安排应由教师指导，学生自由选择项目、自由编组、自主学习与锻炼。教师要适量安排每一堂课的内容，控制在每次课2～3个动作即可，尽量做到精讲多练，把练习时间交给学生；另外，教师要在课前做好充分准备，以便能在课上回答学生在练习过程中不能解决的问题。在教学的过程中，教师根据学生选取的项目及他们的认知水平、运动能力制订出各堂课的教学目标。学生围绕这个目标可采用多形式的训练，实现锻炼目标。

三、结束部分

训练课结束部分的任务主要是解除练习者在训练课基本部分所造成的心理、生理上的紧张状态，现代体能训练将恢复作为训练的组成部分，训练课的结束也就意味着有机体全面恢复过程的开始，有组织的结束部分对恢复过程具有重要的作用。

体能训练计划展示

活动形式：各小组展示自己制订的训练计划。

活动目的：让学生掌握训练计划制订的方法，提高学生的自主学习能力和自我锻炼的积极性。

活动步骤：

（1）根据班级人数将班级分为若干组，每组8人左右为宜，选定一人为组长。

（2）组长带领组员进行训练计划的制订。

（3）各组展示自己的训练计划。

（4）老师对每个小组成员代表的表现作出评价，并进行打分。

（5）各组根据老师的评价修改完善训练计划。

（6）各组根据自己制订的训练计划进行一节课的训练。

（7）老师做总结性发言。

任务检测

小组得分表见表 6-2。

表 6-2　小组得分表

组别	一组	二组	三组	四组
优秀				
良好				
及格				
不及格				
得分				
注：优秀为 9 ～ 10 分，良好为 7 ～ 8 分，及格为 6 ～ 7 分，不及格为 1 ～ 5 分。				

知识拓展

运动是减重与维持体重的关键因素

使能量平衡对自己产生有利影响的最好方法，是通过身体活动来消耗能量。

研究显示，结合运动和饮食控制是减重最有效的方法；而有规律的运动习惯则是长期维持减重后的体重的最好方法。

运动不仅可以维持去脂体重，就设定点理论而言，运动也可以重新设定脂肪调节器而调降设定点。设定点的调降速度也许很快，也许需要花费一段时间。虽然有些人通过每天运动 30 分钟就可以达到减重的效果，但是许多体重过重的人可能需要每天运动 60 分钟，才能看到明显的减重效果。而设定点较高的人则需要更有耐心和毅力。

假如一个人想要减重，结合有氧运动和肌力训练才是最好的方式。有氧运动是调降设定点最有效的方法，而且连续长时间从事有氧运动也可以消耗较多的能量。因此，想要终身能够成功地控制体重，有氧运动是最好的方法。而肌力训练则可以帮助维持去脂体重。

采取有氧运动和肌力训练相结合的方式时，减重的效果会更快速。每增加 0.5 千克的肌肉量，每天的基础代谢率可多消耗 35 千卡热量。因此，经由肌力训练而增加 2.5 千克肌肉量的人，他每天的基础代谢率就可以多消耗 175 千卡热量，相当于每年 63 875 千卡（175×365），或等于 7.1 千克的脂肪。

读书笔记

读书笔记

任务二　了解如何健康膳食

新知导入

健康的四大基石是平衡饮食、适量运动（有氧运动）、戒烟限酒、心理平衡。其中，很重要的是饮食，并且能自己掌握。

影响健康的因素有遗传、环境、心理、饮食等。在诸多的影响因素中，食物的营养是最重要、最关键的因素，而膳食营养是最主要、最根本、最经常起作用的，应该说“生命在于营养”，营养是健康之本！道理很简单，没有营养生命就要停止。可以想象，人如果不通过饮食去获取各种营养素，就好像汽车、飞机没有汽油燃料，怎么能运动呢？

知识解答

一、合理营养对运动的影响

合理营养支持运动训练，是运动员保持良好健康和运动能力的物质基础。对运动员的机能状态、体力适应、运动后的恢复和伤病防治均有良好的作用。

（一）合理提供运动所需的能源物质

合理营养为运动提供适宜的能量，使运动员具备适宜的体重和体脂成分并保证运动中能源物质的良好利用。任何形式的运动均以能量消耗为基础，但人体内可快速动用的能源储备有限，如果无充足可利用的能源物质，即体内糖原水平极低时，就不能满足运动中需要不断合成 ATP 速率的要求。因此，运动员应注意摄取含糖丰富的食物，以保证体内有充足的肌糖原和肝糖原储备，以保证高强度运动中 ATP 再合成速率的需要。能源物质在人体内储存或分解需要一系列辅酶的催化，维生素和微量元素多数是辅酶的组成成分或激活剂，提供充足的维生素和微量元素营养，可促进代谢，并提高抗氧化能力。满足运动中水分和电解质的生理需要，有利于改善运动能力，而这些营养素的缺乏会影响运动能力。

（二）肌纤维中能源物质的水平与运动外伤的发生有直接的关系

肌纤维中能源物质（糖原）的水平与运动外伤的发生有直接联系。研究报道，当快肌收缩肌纤维中糖原耗尽时，人体会发生疲劳，控制和纠正运动动作的能力受损害，运动外伤的发生也随之增加，体内糖原储备充足，有利于预防损伤。

（三）合理营养有利于剧烈运动后的恢复

运动能力恢复的关键在于恢复身体的能量供应及其储备（包括肌肉和肝脏的糖原）、代谢能力（包括有关酶的浓度，以及维生素和微量元素）、体液（保证体内的血容量和循环体液量）、元素平衡（如铁、锌、钠、钾、镁等）及细胞膜的完整性。代谢能力的恢复主要靠合理营养措施才能实现。

（四）合理营养有利于减轻运动疲劳的程度或延缓其发生

引起人体运动能力下降的常见原因有：脱水引起体温调节障碍所致的体温增高、酸性代谢产物堆积、电解质平衡失调造成的代谢紊乱、能源储备耗竭等。

合理营养措施：训练期和比赛前、中、后的饮食营养安排及补液等，可使运动员保持良好的机能状态，延缓疲劳的发生或减轻疲劳的程度。

读书笔记

二、体能锻炼合理膳食营养的基本原则

（1）保证三大宏量营养素的合理比例，即糖类占总能量的 60% ～ 70%、蛋白质占总能量的 10% ～ 15%、脂肪占总能量的 20% ～ 25%。

（2）糖类：主要由谷类、薯类等淀粉类食品构成，应控制食糖及其制品。

（3）脂肪：主要以植物油为主，减少动物性脂肪的摄入。脂肪中饱和脂肪酸、单不饱和脂肪酸和多不饱和脂肪酸之间的比例一般为 1∶1∶1。

（4）蛋白质：应有 1/3 以上的优质蛋白（动物蛋白和大豆蛋白）。若以氨基酸为基础计算，成年人每日供给的蛋白质中，20% 需要由必需氨基酸来供给，以维持氮平衡。

（5）维生素：要按供给量标准配膳，有特殊需要者另外增加。一般维生素 B、维生素 B_2、烟酸三者之间的比例为 1∶1∶10。

（6）膳食中钙磷比例要适当：膳食中钙磷比例为 2∶1，基本满足机体

读书笔记

的吸收和发育。当维生素 D 营养状况正常时，不必严格控制钙磷比例。

（7）膳食中搭配的食物种类越多越好：一日三餐都要提倡食物多样化，这样不仅能提高食欲，促进食物在体内的消化吸收，而且食物中的氨基酸种类齐全，也能充分发挥蛋白质的互补作用。

（8）食物的种属越多越好：最好包括鱼、肉、蛋、禽、奶、米、豆、菜、果、花，还有菌类和藻类食物，组合搭配、混合食用。将动物性食物与植物性食物搭配在一起，比单纯植物性食物之间搭配组合更有利于提高蛋白质的营养价值。

三、训练后的营养膳食

（一）进餐的时间和结构安排

无论吃什么、怎么吃、何时吃，目标是增肌还是减脂，一条总的原则必须遵循，那就是“膳食平衡”。也就是说哪种营养素都不能缺，而且既不能多也不能少。制订一个完整的饮食计划不仅要正确地选择富含蛋白质、碳水化合物和脂肪的食物，还要保证维生素、矿物质及水的摄入量，只有这样才能有利于肌肉的增长。对于健美者来说，人体所需营养中蛋白质的比例占 30% ～ 35%，碳水化合物占 55% ～ 60%，脂肪占 10% ～ 15%。

视频：健康膳食

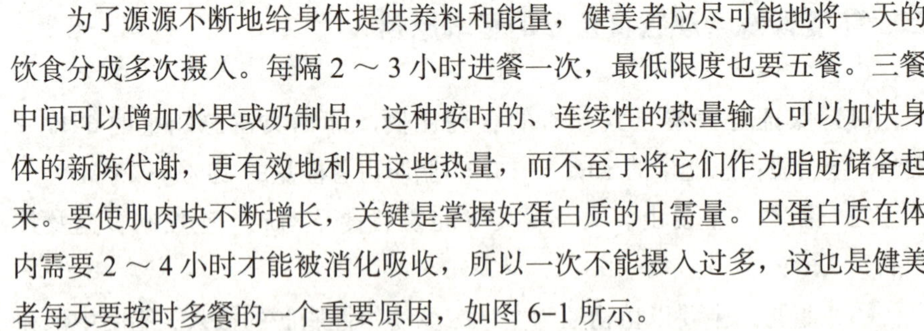

为了源源不断地给身体提供养料和能量，健美者应尽可能地将一天的饮食分成多次摄入。每隔 2 ～ 3 小时进餐一次，最低限度也要五餐。三餐中间可以增加水果或奶制品，这种按时的、连续性的热量输入可以加快身体的新陈代谢，更有效地利用这些热量，而不至于将它们作为脂肪储备起来。要使肌肉块不断增长，关键是掌握好蛋白质的日需量。因蛋白质在体内需要 2 ～ 4 小时才能被消化吸收，所以一次不能摄入过多，这也是健美者每天要按时多餐的一个重要原因，如图 6-1 所示。

现代中医理论认为人体和食物都是分阴阳的，如果一个人体质偏寒，体现出畏寒、体虚、少动的症状，体内没有足够的能量产生热量，这样很难使身体内的脂肪燃烧起来。这也解释了为什么相同环境下的同学吃一样的食物，但胖瘦却不同。若要增肌减脂，应该多吃阳性的食物，如植物种子、豆类、根类和牛羊肉等，少吃反季和异地水果蔬菜，夏天不要贪凉饮料和啤酒，滋养脾胃会对除湿生肌有很大帮助。

有些人想要一份“傻瓜”食谱，每天按食谱上列出的食物烹饪和饮食即可，但事实上这很难做到，由于每个人的烹饪技术、习惯、地区和季节，以及可购选的食物是不同的，且每个人的口味和体质不同，饮食的效果有所不同，所以在这里仅能提供各营养素的分析。学生可以根据自身情况变换搭配，饮食的选择开始的时候会使人头疼，但随着身体变得越来越健康，人们会更有兴致投入其中。

图 6-1　食物时钟

读书笔记

（二）摄取足量蛋白质

营养专家一直把蛋白质视为“锻炼肌肉的基石”，因为它既能起到修补被建设性破坏的肌纤维，又是肌肉组织增生的主要来源，此外，还有提高胰岛素敏感性等诸多功效。可以说没有蛋白质，肌肉的增长无从谈起。

健身者每天每千克体重至少要提取 1 克蛋白质，而对于要增肌的健美者每天每千克体重需要摄入 2.5 克蛋白质，依这个基数计算，一位体重为 80 千克的锻炼者每天需要摄入 80 ～ 200 克的蛋白质。虽然蛋白质对人体非常重要，但也不能过量服用蛋白质，一旦一天摄入量超过了每千克体重 4.5 克，非但对肌肉增长无益，还会给体内的正常代谢和健康带来一系列副作用。蛋白质代谢产物为酸性，会使肝、肾负担增加，导致肝和肾肥大并容易疲劳；大量补充蛋白质可导致机体脱水、脱钙，引发痛风及骨质疏松；而且蛋白质对水和无机盐代谢也不利，有可能引起泌尿系统结石和便秘；此外，高蛋白食物常伴随高脂肪和高胆固醇，会增加动脉粥样

读书笔记

硬化和高血脂的危险。所以，建议健身者正常和均衡摄入日常食物即可（图 6–2）。

图 6–2　富含蛋白质的食物

（三）碳水化合物是主要的供能物质

碳水化合物是由碳、氢、氧三种元素组成的，是机体能量的最主要来源。碳水化合物可以节约体内蛋白质供能，从而消除大量蛋白质代谢带给肝肾的负荷；同时可以产生抗生酮，防止酮血症和酮尿症并且有解毒作用。运动中适量补充糖分可提高血糖水平并提高运动能力，维持较高的糖氧化速率，延长运动的耐力，同时延缓疲劳的发生。运动中，应每隔 30 分钟就补充 30 克左右糖分，多采用少量多次食用含糖饮料或易消化食物等；运动后补糖可以促进肝脏和肌糖原储备的恢复，缓解疲劳，促进体力恢复，运动后补糖越早越好。

碳水化合物适宜摄入量为总热量的 55% ～ 65%，比较健康的碳水化合物主要来源于五谷类、豆类和根茎类食物。吃起来觉得比较甜的食物虽然也是碳水化合物，但其在肠胃内消化特别快，迫使人们不断进食，从而带来过多的热量并转化成脂肪堆积起来。由于晚间睡眠后人体活动比较少，人体不需要过多能量，所以晚餐建议减少碳水化合物的摄入比例。

（四）健康脂肪不可缺

相当多的人畏脂肪如虎，其实大可不必。脂肪对于保持机体的正常运转是不可或缺的，脂肪不仅能提供能量，改善神经关节功能，为血液提供必需的脂溶性维生素，还有助于促进合成类激素生成，其中特殊脂肪酸还是人体细胞的基本成分。如果不摄入脂肪，人体会自我保护而减少体内储

藏脂肪的分解，这也是为什么许多节食减肥的人们经过一个月左右飞速减重后，体重就很难降低。

有些人可能会提出异议，说以前在相关书籍或杂志上看到过脂肪的坏处。脂肪所含的热量要比其他营养物质大得多，1 克脂肪所含热量是 9 000 卡，1 克碳水化合物或蛋白质只含有 4 000 卡的热量，所以有些人认为只要饮食中控制脂肪的摄入就可以减肥了。事实上脂肪在体内消化的时间需要 4 个小时，而人们感觉可口的甜食却仅需要半个小时就在胃内排空了，人们会不自觉食用更多的碳水化合物，过多的糖原就转变成脂肪囤积在体内了。饱和脂肪和反式脂肪是人类健康的杀手。由于饱和脂肪和反式脂肪会增加心血管的发病率，对动脉造成伤害，大大降低训练效果，所以必须严加控制。饱和脂肪主要存在于比较肥的肉类食品中；反式脂肪通常存在于加工过的产品中，如饼干和烘焙食品。

对于健身者和减肥者来说，应该多食用含有 ω–3 不饱和脂肪的食物，这样的脂肪流动性好，不易凝结，可以促进脂肪代谢，降低肌肉分解，减少关节的耗损，以及改善人们的心情和神经兴奋度。含有 ω–3 不饱和脂肪最丰富的食物是亚麻油，可以将冷轧的亚麻油放在冰箱内保存，食用时直接抹在面包上或与水果、蔬菜搅拌在一起食用。如果不喜欢亚麻油的味道，或者在旅途中不方便，可以服用亚麻籽油胶囊（图 6–3）。

读书笔记

图 6–3　健康脂肪的食物来源

（五）维生素和矿物质无可代替

维生素和矿物质均属于微量元素，虽然它们不能产生人体所需的热

读书笔记

能，却有着无可替代的重要生理功能。对健美者而言，无论是肌肉的增长还是耐力的提高，都需要维生素和矿物质才能完成。

维生素有水溶性维生素和脂溶性维生素两种。前者可以调整体内热能、蛋白质和氨基酸的代谢；后者是产生激素的重要物质，而雄性激素可在进行高强度训练时帮助肌肉产生极度收缩。

矿物质有“健康的源泉”之美誉。例如，钙不仅是强壮骨骼与牙齿所必需的，而且对于心跳的调节、血液的凝结、神经的传导、消除紧张及防止失眠均有益处。补充的方法是多食用牛奶及乳制品，还可以服用钙的补剂。钠与钾不仅有助于维持细胞腔与体液间的水分平衡和血液中的酸碱度，还能将外表刺激信号的神经反应传送给肌肉。全身肌肉包括心肌，都受钠与钾的影响。蔬菜、糙米、橘子、香蕉等都是钠和钾的天然来源。镁可以维持肌肉弹性，对神经机能有益，还能促进碳水化合物与氨基酸代谢酵素活化。富含镁的食物有绿色蔬菜、黄豆、坚果、玉米、苹果等（图 6-4）。

图 6-4 富含维生素与矿物质的食物

此外，像铁、铜、锌、锰、碘等，虽然人体对其需求量有大有小，但对维持人体的健康，保持肌肉组织和血液的平衡，都有着不可替代的作用。

（六）增加纤维素的摄入

对于健身者而言，所摄入的蛋白质和热量越多，纤维素的需求量就越大，所以，纤维素不仅是必需的，而且需要很大的量。这种不可消化、不

含热量的纤维素，不仅可以增加食物的体积，使高密度的食物（如肉类）更易消化，还能帮助机体从同等体积的食物中吸收更多的营养物质。

纤维素的摄入量每天应维持在30克左右，理想的水平是40克。尤其在摄入高热量食物时，标准量还应调整得更高些，增加纤维素最好的办法是多吃水果、蔬菜及富含谷皮或全谷物的食品，如燕麦、全麦面包等（图6-5）。

图6-5　富含纤维素的食物

读书笔记

（七）水的力量

人体内的水占体重的60%～70%，是最重要的合成和代谢成分之一，也是输送矿物质的载体。水把营养和氧气带入血液中循环，并最终进入肌细胞，它不仅对调节和保持人体体温起着十分重要的作用，还能稀释、溶解和消除代谢产生的毒素与废物，避免其破坏人体的免疫功能，从而促进肌肉的恢复和生长。

大多数健身者可能十分专注于锻炼，而忽略身体缺水的信号，进而导致体力迅速下降。我们应时刻提醒学生在训练间歇中保持小口饮水的习惯。教师应鼓励学生带一个暖水杯，里面装上温白开水，而且水中最好加入适量盐和糖，自制的电解水可补充因出汗而带走的大量电解质。提醒人们不要多喝含大量糖的可乐、冰茶、果汁、咖啡等甜味饮料，因为这些过浓的饮料不仅没有真正给身体补充水分，还会带走身体内存储的水分。

养成经常补充水分的习惯还有利于减脂塑形。人体有时会将渴的感觉当成饿，这是因为大多食物中也含有水分，当人们摄入食物时也会消除令

读书笔记

人饥渴的感觉，但这样会带来额外的热量，所以在吃东西前，先喝一点水，确认身体是缺水还是真正需要营养。

在饮水环节上，过程比结果更重要，希望大家能在锻炼过程中，把补充水分变为自己的习惯。

（八）关于运动补剂

补剂是健身者很重要的营养补充，不少健身者错误地把补剂视为训练成功的关键，实际上它仅仅可以补充营养不足，而非灵丹妙药。目前市场上的补剂有蛋白类、肌酸类、氮基酸类等，可谓“五花八门”，各具功效。但是选择补剂时，必须选择高质量的，且有计划、有针对性，合理地使用，才能达到预期效果。再次强调，刻苦的训练和自然食物才是健康身体的坚实根基（图 6–6）。

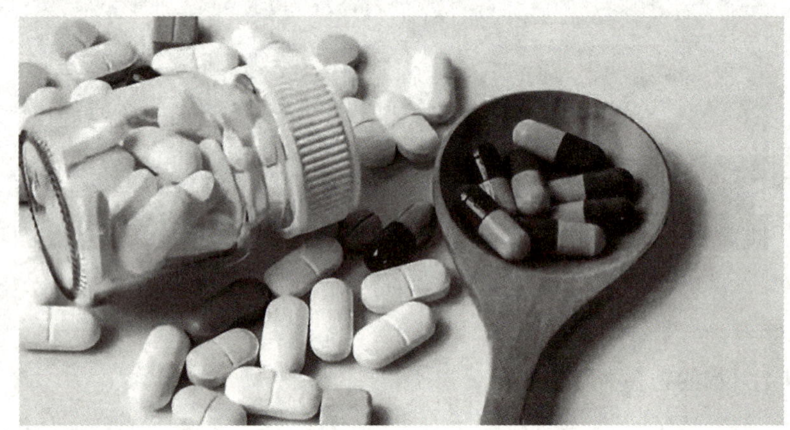

图 6–6　运动补剂

表 6–3 为每 100 克食物所含营养成分的含量。

表 6–3　常见食物营养成分表

类别	食物名称	蛋白质/克	脂肪/克	碳水化合物/克	热量/千卡	无机盐类/克	钙/毫克	磷/毫克	铁/毫克
谷类	大米	7.5	0.5	79	351	0.4	10	100	1.0
	小米	9.7	1.7	77	362	1.4	21	240	4.7
	高粱米	8.2	2.2	78	385	0.4	17	230	5
	玉米	8.5	4.3	73	365	1.7	22	210	1.6
	大麦仁	10.5	2.2	66	326	2.6	43	400	4.1
	面粉	12.0	0.8	70	339	1.5	22	180	7.6

续表

类别	食物名称	蛋白质/克	脂肪/克	碳水化合物/克	热量/千卡	无机盐类/克	钙/毫克	磷/毫克	铁/毫克
干豆类	黄豆（大豆）	39.2	17.4	25	413	5.0	320	570	5.9
	青豆	37.3	18.3	30	434	5.0	240	530	5.4
	黑豆	49.8	12.1	19	384	4.0	250	450	10.5
	赤小豆	20.7	0.5	58	318	3.3	67	305	5.2
	绿豆	22.1	0.8	59	332	3.3	34	222	9.7
	花虹豆	22.6	2.1	58	341	2.5	100	456	7.9
	豌豆	24.0	1.0	58	339	2.9	57	225	0.8
	蚕豆	28.2	0.8	49	318	2.7	71	340	7.0
鲜豆类	青扁豆荚（鹊豆）	3.0	0.2	6	38	0.7	132	77	0.9
	白扁豆荚（刀子豆）	3.2	0.3	5	36	0.8	81	68	3.4
	四季豆（芸豆）	1.9	0.8	4	31	0.7	66	49	1.6
	豌豆（准豆、小寒豆）	7.2	0.3	12	80	0.9	13	90	0.8
	蚕豆（胡豆、佛豆）	9.0	0.7	11	86	1.2	15	217	1.7
	菜豆角	2.4	0.2	4	27	0.6	53	63	1.0
豆类制品	黄豆芽	11.5	2.0	7	92	1.4	68	102	6.4
	豆腐浆	1.6	0.7	1	17	0.2	—	—	—
	北豆腐	9.2	1.2	6	72	0.9	110	110	3.6
	豆腐乳	14.6	5.7	5	30	7.8	167	200	12.0
	绿豆芽	3.2	0.1	4	30	0.4	23	51	0.9
	豆腐渣	2.6	0.3	7	41	0.7	16	44	4.0
根茎类	小葱（火葱、麦葱）	1.4	0.3	5	28	0.8	63	28	1.0
	大葱（青葱）	1.0	0.3	6	31	0.3	12	46	0.6
	葱头（大蒜）	4.4	0.2	23	111	1.3	5	44	0.4
	芋头（土芝）	2.2	0.1	16	74	0.8	19	51	0.6

读书笔记

读书笔记

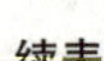
续表

类别	食物名称	蛋白质/克	脂肪/克	碳水化合物/克	热量/千卡	无机盐类/克	钙/毫克	磷/毫克	铁/毫克
根茎类	红萝卜	2.0	0.4	5	32	1.4	19	23	1.9
	季奔（乌芋）	1.5	0.1	21	91	1.5	5	68	0.5
	甘薯（红磐）	2.3	0.2	29	127	0.9	18	20	0.4
	藕	1.0	0.1	6	29	0.7	19	51	0.5
	白萝卜	0.6	—	6	26	0.8	49	34	0.5
	马铃薯（土豆、洋芋）	1.9	0.7	28	126	1.2	11	59	0.9
叶菜类	黄花菜（鲜金针菜）	2.9	0.5	12	64	1.2	73	69	1.4
	黄花（金针菜）	14.1	0.4	60	300	7.0	463	173	16.5
	菠菜	2.0	0.2	2	18	2.0	70	34	2.5
	韭菜	2.4	0.5	4	30	0.9	56	45	1.3
	苋菜	2.5	0.4	5	34	2.3	200	46	4.8
	油菜（胡菜）	2.0	0.1	4	25	1.4	140	52	3.4
	大白菜	1.4	0.3	3	19	0.7	33	42	0.4
	小白菜	1.1	0.1	2	13	0.8	86	27	1.2
	洋白菜（椰菜）	1.3	0.3	4	24	0.8	100	56	1.9
	香菜（芫荽）	2.0	0.3	7	39	1.5	170	49	5.6
	芹菜茎	2.2	0.3	2	20	1.0	160	61	8.5
菌类	蘑菇（鲜）	2.9	0.2	3	25	0.6	8	66	1.3
	口蘑（干）	35.6	1.4	23	247	16.2	100	162	32
	香菌（香菇）	13.0	1.8	54	384	4.8	124	415	25.3
海菜类	木耳（黑）	10.6	0.2	65	304	5.8	357	201	185.0
	海带（干，昆布）	8.2	0.1	57	262	12.9	2 250	—	150.0
	紫菜	24.5	0.9	31	230	30.3	330	440	32.0
茄瓜类	南瓜	0.8	—	3	15	0.5	27	22	0.2
	西葫芦	0.6	—	2	10	0.6	17	47	0.2
	瓠子（龙蛋瓜）	0.6	0.1	3	15	0.4	12	17	0.3
	丝瓜（布瓜）	1.5	0.1	5	27	0.5	28	45	0.8
	茄子	2.3	0.1	3	22	0.5	22	31	0.4

续表

类别	食物名称	蛋白质/克	脂肪/克	碳水化合物/克	热量/千卡	无机盐类/克	钙/毫克	磷/毫克	铁/毫克
茄瓜类	冬瓜	0.4	—	2	10	0.3	19	12	0.3
	西瓜	1.2	—	4	21	0.2	6	10	0.2
	甜瓜	0.3	0.1	4	18	0.4	27	12	0.4
	菜瓜（地黄瓜）	0.9	—	2	12	0.3	24	11	0.2
	黄瓜	0.8	0.2	2	13	0.5	25	37	0.4
	西红柿（番茄）	0.6	0.3	2	13	0.4	8	32	0.4
水果类	柿	0.7	0.1	11	48	2.9	10	19	0.2
	枣	1.2	0.2	24	103	0.4	41	23	0.5
	苹果	0.2	0.6	15	60	0.2	11	9	0.3
	香蕉	1.2	0.6	20	90	0.7	10	35	0.8
	梨	0.1	0.1	12	49	0.3	5	6	0.2
	杏	0.9	—	10	44	0.6	26	24	0.8
	李	0.5	0.2	9	40	—	17	20	0.5
	桃	0.8	0.1	7	32	0.5	8	20	1.0
	樱桃	1.2	0.3	8	40	0.6	6	31	5.9
	葡萄	0.2	—	10	41	0.2	4	15	0.6
干果及硬果类	花生仁（炒熟）	26.5	44.8	20	589	3.1	71	399	2.0
	栗子（生及熟）	4.8	1.5	44	209	1.1	15	91	1.7
	杏仁（炒熟）	25.7	51	9	597	2.5	141	202	3.9
	菱角（生）	3.6	0.5	24	115	1.7	9	49	0.7
	红枣（干）	3.3	0.5	73	309	1.4	61	55	1.6
走兽类	牛肉	20.1	10.2	—	172	1.1	7	170	0.9
	牛肝	18.9	2.6	9	135	0.9	13	400	9.0
	羊肉	11.1	28.8	0.5	306	0.9	11	129	2.0
	羊肝	18.5	2.0	4	155	1.4	9	414	6.6
	猪肉	16.9	29.2	1.1	335	0.9	11	170	0.4
	猪肝	20.1	4.0	2.9	128	1.8	11	270	25.0
乳类	牛奶（鲜）	3.1	3.5	4.6	62	0.7	120	90	0.1
	牛奶粉	25.6	26.7	35.6	48.5	—	900	—	0.8
	羊奶（鲜）	3.8	4.1	4.6	71	0.9	140	—	0.7

读书笔记

读书笔记

续表

类别	食物名称	蛋白质/克	脂肪/克	碳水化合物/克	热量/千卡	无机盐类/克	钙/毫克	磷/毫克	铁/毫克
飞禽	鸡肉	23.3	1.2	—	104	1.1	11	190	1.5
	鸭肉	16.5	7.5	0.1	134	0.9	11	145	4.1
蛋类	鸡蛋（全）	14.8	11.6	—	164	1.1	55	210	2.7
	鸭蛋（全）	13.0	14.7	0.5	186	1.8	71	210	3.2
	咸鸭蛋（全）	11.3	13.2	3.3	178	6.0	102	214	3.6
爬虫	田鸡（青蛙）	11.9	0.3	0.2	51	0.6	22	159	1.3
	甲鱼	16.5	1.0	1.5	81	0.9	107	135	1.4
蛤类	河螃蟹	1.4	5.9	7.4	139	1.8	129	145	13.0
	明虾	20.6	0.7	0.2	90	1.5	35	150	0.1
	青虾	16.4	1.3	0.1	78	1.2	99	205	0.3
	虾米（河产及海产）	46.8	2.0	—	205	25.2	882	—	—
	田螺	10.7	1.2	3.8	69	3.3	357	191	19.8
	蛤蜊	10.8	1.6	4.8	77	3.0	37	82	14.2
鱼类	鲫鱼	13.0	1.1	0.1	62	0.8	54	20.3	2.5
	鲤鱼	18.1	1.6	0.2	88	1.1	28	17.6	1.3
	鳍鱼	17.9	0.5	—	76	0.6	27	4.6	4.6
	带鱼	15.9	3.4	1.5	100	1.1	48	53	2.3
	黄花鱼（石首鱼）	17.2	0.7	0.3	76	0.9	31	204	1.8
油脂及其他	猪油（炼）	—	99.0	—	891	—	—	—	—
	芝麻油	—	100.0	—	900	—	—	—	—
	花生油	—	100.0	—	900	—	—	—	—
	芝麻酱	20.0	52.9	15	616	5.2	870	530	58.0
	豆油	—	100.0	—	900	—	—	—	—

任务实施

课堂讨论

活动形式：分小组进行课堂讨论。

活动目的：培养学生敢于质疑、善于思考的能力，锻炼学生的语言表

达能力和思维逻辑能力，让学生更好地掌握健康膳食的原则和方法。

活动步骤：

（1）将班级分成3组进行讨论。讨论问题如下：

①根据自身情况，该如何调整和改善饮食习惯呢？

②结合自身情况，谈谈健康膳食要有哪些原则。

③思考营养对于体能锻炼者的影响有哪些。

（2）每个小组选出一名组员担任分数记录员（注：本小组成员不得担任本组记录员）。

（3）每个小组派出一名组员记录讨论内容并整理成文，作为小组代表进行总结。

（4）老师对每个小组的活动情况作出评价，并进行打分。

（5）老师做总结性发言。

任务检测

小组评分表见表6-4。

表6-4　小组评分表

评分标准	得分标准	记录员评分	老师评分	实际得分
描述准确	优秀（8～10分）；良好（5～7分）；合格（1～4分）			
语言流畅	优秀（8～10分）；良好（5～7分）；合格（1～4分）			
逻辑清晰	优秀（8～10分）；良好（5～7分）；合格（1～4分）			
现场表现	优秀（8～10分）；良好（5～7分）；合格（1～4分）			
注：记录员和老师评分各占50%，实际得分为记录员与老师评分之和				

读书笔记

知识拓展

运动营养补充的误区

（1）强调特殊营养的补充，忽略基础营养摄入。运动员往往过分重视特殊营养的补充，认为特殊营养补充可以提高身体机能，而忽视了膳食营养的基础作用，造成了基础膳食营养摄入的不合理。事实上只有在保证了基础营养的前提下，再根据运动项目的特点，补充特殊营养才能充分发挥强化营养的作用。

读书笔记

（2）强调宏量营养素摄入，忽略微量营养素供给。运动员在膳食结构上一味强调吃一些高脂肪、高蛋白、高热量的食品，以加强营养，过分强调宏量营养素的摄入。脂肪和蛋白质摄入过多对运动能力有害，高蛋白质和高脂肪膳食不仅造成热能摄入过剩，还会对机体的内脏器官造成负担，影响机体对其他营养素的吸收。同时，还会造成运动员体质酸化，影响机体的恢复，部分运动员存在维生素A、维生素B、维生素C摄入不足，以及钙、铁、锌摄入不足，造成运动能力和身体功能下降，影响身体健康。

（3）强调蛋白质补充，忽略碳水化合物摄入。蛋白质是维持生命活动最重要的营养素，所以，运动员把摄入更多的蛋白质作为促进身体机能恢复的重要标准。运动员普遍认为：食物中摄入的肉越多，越有营养；相反，主食如米、面和一些新鲜的含碳水化合物70%以上的食物几乎完全被忽略。研究表明，中国运动员膳食中碳水化合物提供的热能仅为总热能的32%～52%。碳水化合物摄入严重不足不仅会严重影响运动员训练质量和运动能力，同时会影响其他物质的正常代谢。

（4）强调晚餐的丰盛，忽略早餐的多样性。一日三餐热能分配应与运动员的训练相一致，许多运动员忽视早餐，甚至根本不吃早餐，存在着“早简晚盛”的现象。运动员早餐的热能占全天的19%，而晚餐的比例远远高于合理的摄入比例。早餐和午餐比例不合理导致机体各种营养素的摄入不足，使各种营养物质得不到及时的恢复，明显影响运动员训练期的能量供应和训练质量。因此，无论从营养角度还是从训练角度，都应重视早餐的多样性。

（5）强调口渴补水，忽略补液的科学性。研究表明，运动中脱水会引起血容量下降，增加心脏的负担，体液丢失达到体重的2%～3%，运动能力就会受到损害。运动员常常缺少合理补水的知识，把口渴作为脱水的指征。实际上，当一个人感到口渴时，其体液丢失已经达到体重的2%～3%，此时运动能力也已受到损害；此外，运动员应补充含矿物质、维生素和碳水化合物的水。

一、简答题

1. 简述体能锻炼计划的基本步骤。

2. 体能训练计划的制订包含哪几部分？

二、思考题

1. 根据自身情况，谈谈如何改变饮食习惯。

2. 在体能锻炼过后应补充哪些营养素？

读书笔记

参考文献

[1] 孙长颢. 营养与食品卫生学［M］. 8版. 北京：人民卫生出版社，2017.

[2] 中国营养学会. 中国居民膳食指南2016[M]. 北京：人民卫生出版社，2016.

[3] 郭杏红，朱峰. 对运动性疲劳的浅析［J］. 少年体育训练，2006（5）：25-26.

[4] 张英波. 现代体能训练方法［M］. 北京：北京体育大学出版社，2021.

[5] 田麦久. 运动训练学［M］. 2版. 北京：高等教育出版社，2021.

[6] 刘建春. 论运动后的疲劳恢复［J］. 淮北职业技术学院学报，2007，6（05）：105-107.

[7] 王保成，王川. 球类运动员体能训练理论与方法［M］. 北京：北京体育大学出版社，1999.

[8] 曲绵域，于长隆. 实用运动医学［M］. 4版. 北京：科学技术出版社，2003.